Vito Martinelli

Filosofia

Vito Martinelli

Filosofia

Bellezza dell’inutile

Edizioni Sant'Antonio

Cover image: Fornito dall'autore

Publisher:
Edizioni Accademiche Italiane
is a trademark of
International Book Market Service Ltd., member of OmniScriptum Publishing Group
17 Meldrum Street, Beau Bassin 71504, Mauritius

Printed at: see last page
ISBN: 978-613-8-39321-4

a Nicole

Introduzione

Consegno, al lettore, una brevissima introduzione alla filosofia, tentando di mettere in luce l'identità della filosofia stessa, tra apparente inutilità e straordinaria bellezza.

Intendo porre in evidenza, attraverso queste pagine, la dimensione storica di ogni pensiero che voglia dirsi "filosofico", il metodo e il compito della filosofia, dentro una precisa prospettiva, alla quale attribuisco il nome di "vero filosofico".

Il lettore, molto più avveduto e più preparato di me, potrebbe non ritrovarsi con il contenuto di queste pagine e potrebbe muovere, così, legittimamente, obiezioni e critiche, benché io abbia cercato di presentare la mia tesi di fondo, avvalendomi del contributo dei filosofi più autorevoli.

"Verità filosofica" oppure "vero filosofico": a che cosa punta la filosofia?

Proprio questa distinzione tra verità filosofica e vero filosofico vuole rappresentare un elemento di novità linguistica (e, mi auguro, non soltanto linguistica) nella riflessione filosofica, la quale, chiedendosi il "che cos'è" e il "perché le cose sono come sono", sa quanto sia inattingibile la verità; sa quanto la verità sia fuori dalla portata della filosofia la quale, proprio con questa consapevolezza, si mette a cercare il vero filosofico, quale nesso cruciale tra la realtà e il suo senso.

1. Inutile, pericolosa, superflua filosofia

Da dove vengo? Perché sono qui? Perché io e non un altro? Perché l'essere[1] piuttosto che il nulla? Che cosa sono l'essere e il nulla[2]? Ciò che io reputo esser vero è, realmente, tale? Che cosa è l'io e in quale rapporto vive con il corpo? Posso conoscere attraverso i sensi? Ciò che io vedo è visto da tutti alla stessa maniera? E se i sensi mi ingannassero? È più vera la scienza o l'arte[3]; oppure tanto l'una quanto l'altra? Dove vado? Che cosa è il tempo: realtà o invenzione[4] o convenzione? È il futuro che viene verso il presente

---

[1] «[...] il concetto di essere [...] è l'oggetto proprio [...] della metafisica, [...]: il pensiero è sempre pensiero dell'essere e mai del nulla. Sono incalzati dal dubbio gli enti, non l'essere». B. MONDIN, *Manuale di filosofia sistematica*, vol. 3, *Ontologia e metafisica*, Edizioni Studio Domenicano, Bologna 2007, 76.

[2] «Che ne è di questo Niente? [...] che noi [...] esprimiamo con tanta naturalezza? È forse solo un modo di dire – e nient'altro?

[...] La scienza [...] rifiuta il Niente e lo abbandona come nullità. Ma abbandonando il Niente in questo modo, non finiamo forse proprio per ammetterlo? [...]. Che cosa può essere per la scienza il Niente [...]? [...] del Niente la scienza non vuol saperne niente. [...].

La scienza non vuol saperne del Niente. Eppure è [...] certo che dove cerca di esprimere la sua propria essenza, essa chiama in aiuto il Niente [...].

La scienza, [...], lo abbandona come ciò che "non c'è".

Noi tuttavia tentiamo di interrogarci [...]. Che cos'è il Niente? [...] nel porcela, [...], noi fin dall'inizio assumiamo il Niente come qualcosa che "è" [...] cioè lo trattiamo come un ente. Proprio da esso, però, il Niente differisce in modo assoluto. [...].

[...] il pensiero, che è essenzialmente sempre pensiero di qualcosa, qui, come pensiero del Niente, dovrebbe agire contro la propria essenza [ragion per cui] [...] ci è impedito fare [...] del Niente un oggetto, [...]». M. HEIDEGGER, *Che cos'è metafisica?* F. VOLPI (a cura di), Adelphi, Milano 2001, 41-43.

[3] Anche l'arte, per quanto soggettiva possa apparire, è in grado di cogliere il vero, nelle forme sensibili, altrimenti non ci emozioneremmo, dinanzi a una tragedia greca, a un film, a un'opera d'arte e lo scrittore francese Stendhal (pseudonimo di Merie-Henry-Beyle, vissuto tra il 1783 e il 1842) non sarebbe giunto a quel livello di emozione, fatto di sensazioni celesti, avendo quasi l'impressione di morire, uscendo da Santa Croce, in Firenze.

[4] «Per noi umani è il tempo [...] un bel problema: non si vede, ma incalza. In fisica si parla di "freccia del tempo". Va in una sola direzione! Se nello spazio posso andare avanti e indietro, quanto al tempo, indietro non si torna.

E per Dio, il tempo come funziona? [...].

[...], il tempo è un problema anche per l'Universo, se è vero che esso ha solo 14 miliardi di anni (circa) e che va, come tutto ciò che vediamo e tocchiamo, verso la sua fine.

oppure è il presente che va verso il passato[5]? Perché esiste il dolore? Che cosa è il bene? Che cosa sono la libertà e la bellezza? Perché mi innamoro di

---

[...].
Per [...] la relatività di Albert Einstein [...] il tempo non è un assoluto, ma è relativo a spazio, movimento e gravità. Spiega così la relatività il fisico Carlo Rovelli nel suo *L'ordine del tempo* [...]: "Il tempo scorre più veloce in montagna e più lento in pianura" perché la gravitazione contrae o espande la dimensione temporale. Il che significa, in altre parole che "non c'è un solo tempo. Ce ne sono tantissimi. Un tempo diverso per ogni punto dello spazio".
[...]
[...] Il paradosso dei due gemelli, spesso utilizzato per spiegare la relatività di Einstein, ci dice che di due fratelli gemelli, uno dei quali rimanesse sulla Terra e l'altro se ne andasse a fare un viaggio su un'astronave molto veloce, il secondo invecchierebbe più lentamente, a causa del suo diverso stato di moto». F. AGNOLI, *Dieci brevi lezioni di filosofia. L'essenziale è invisibile agli occhi*, Gondolin, Verona 2018, 78.81-82.

[5] «Che esso [il tempo] non esista affatto [...], lo si potrebbe sospettare da quanto segue. Una parte di esso è stata e non è più, una parte sta per essere e non è ancora [...].
Ma poiché il tempo par che sia soprattutto un certo movimento e un certo cangiamento, bisognerebbe proprio su questo fermare l'attenzione. Intanto, però, il cangiamento e il movimento di ciascuna cosa sono soltanto nella cosa che cangia, o anche là dove venga a trovarsi la stessa cosa mossa e cangiante: il tempo, invece, è parimenti in ogni luogo e presso ogni cosa. Inoltre, ogni cangiamento è più veloce e più lento, mentre il tempo no: infatti il veloce e il lento sono determinati dal tempo [...].
Che, dunque, il tempo non sia movimento, è chiaro [...].
D'altra parte, però, l'esistenza del tempo non è neppure possibile senza quella del cangiamento; quando, infatti, noi non mutiamo nulla entro il nostro animo o non avvertiamo di mutar nulla, ci pare che il tempo non sia trascorso affatto [...]. Se, dunque, allorquando noi non notiamo alcun cangiamento, ci capita di credere che il tempo non esista, e che l'anima, da parte sua, permanga in un solo e indivisibile stato, e quando, invece, percepiamo e distinguiamo, allora diciamo che il tempo compie il suo cammino, è chiaro, allora, che non c'è tempo senza movimento e cangiamento.
È, quindi, evidente che il tempo non è movimento, ma non è senza movimento; e, d'altra parte, poiché cerchiamo che cosa è il tempo, dobbiamo prendere inizio da qui per stabilire quale proprietà del movimento esso sia. [...] noi diciamo che il tempo compie il suo percorso quando abbiamo percezione del prima e del poi nel movimento. E operiamo la distinzione perché sappiamo che questi due termini sono differenti tra loro e che c'è anche in mezzo qualcosa di diverso da loro. Quando, infatti, noi pensiamo le estremità come diverse dal medio e l'anima ci suggerisce che gli istanti sono due, il prima, cioè, e il poi, allora, non diciamo che c'è tra questi due istanti un tempo, giacché il tempo sembra essere ciò che è determinato dall'istante: e questo rimanga come fondamento. Pertanto, quando noi percepiamo l'istante come unità e non già come un prima e un poi, allora non ci sembra che alcun tempo abbia compiuto il suo corso, in quanto che non vi è neppure movimento. Quando, invece, percepiamo il prima e il poi, allora diciamo che il tempo c'è.
Questo, in realtà è il tempo: il numero del movimento secondo il prima e il poi. [...]
Si potrebbe, però, dubitare se il tempo esista o meno senza l'esistenza dell'anima. Infatti, se non si ammette l'esistenza del numerante, è anche impossibile quella del numerabile, sicché, ovviamente neppure il numero ci sarà. Numero, infatti, è o ciò che è stato numerato o il numerabile. Ma se è vero che nella natura delle cose soltanto l'anima o l'intelletto che è nell'anima hanno la capacità di numerare, risulta impossibile l'esistenza del tempo senza

una persona piuttosto che di un'altra? Il bene è oggettivo o soggettivo? C'è vita, oltre la morte? C'è qualcosa di eterno e di immutabile, al di là del divenire? Che cos'è l'anima[6]? Dio esiste[7]?

---

quella dell'anima, a meno che non si consideri il tempo nella sua soggettività, allo stesso modo che se, ad esempio, si ammettesse l'esistenza del movimento senza tener conto dell'anima». ARISTOTELE, *Fisica*, A. RUSSO (trad. it.), libro IV, in *Opere*, vol. 3, Edizioni Laterza, Roma-Bari 99. 101-103. 113.

6 «Come l'Anima è presente nel corpo? [...] diciamo che l'una sta nell'altro come il pilota sta nella nave. Certo, questa immagine è efficace [...] ma [...] non risulta molto persuasiva. Il pilota in quanto passeggero si trova accidentalmente sulla nave [...]. Indubbiamente egli non è distribuito in tutta la nave, come invece l'Anima è nel corpo. Vogliamo dire che l'Anima vi si trovi come l'arte nei suoi strumenti [...]? Ma qui sta la differenza: che l'arte viene dal di fuori. Se, dunque, [...], ammettiamo che l'Anima è nel corpo come in uno strumento [...], avremmo fatto qualche progresso nella nostra indagine? No, perché ci manca ancora di sapere come l'Anima sia entrata nel suo strumento. [...]
Sosteniamo, allora, che quando l'Anima è nel corpo vi si trova come il fuoco nell'aria? Anch'esso, invero, è e non è presente: si trova dovunque, senza essere mescolato a nulla, e resta se stesso mentre l'aria vola via. E poi, quando l'aria è fuori dalla zona illuminata, se ne va senza portare con sé niente [di questa luce], e, invece, finché si trova sotto il suo raggio, risplende. Pertanto, a tale proposito, è più corretto dire che l'aria è nella luce, che non la luce nell'aria. Per la stessa ragione anche Platone, quando tratta dell'universo, giustamente non pone l'Anima nel corpo, ma il corpo nell'Anima, e distingue una parte dell'Anima che ospita il corpo da una in cui il corpo non si trova, perché chiaramente ci sono delle funzioni in cui il corpo non ha bisogno dell'Anima.
[...] quando un corpo animato è riempito della luce dell'Anima, le sue varie parti la condividono in maniera diversa, e questo perché l'Anima conferisce la facoltà adatta in funzione della predisposizione di ciascun organo all'azione. Così, per esempio, la facoltà che si trova negli occhi è detta visiva, quella presente negli orecchi prende il nome di udito, quella nella lingua gusto, nel naso odorato. La facoltà del tatto è invece diffusa in tutto il corpo, visto che, rispetto a questa percezione, l'intero corpo funge da strumento dell'Anima. [...]
Dove finirà l'Anima, una volta uscita dal corpo? Non sarà più qui, perché qui non c'è cosa che potrebbe accoglierla; e neppure potrebbe fermarsi presso ciò che per sua natura non ha più la capacità di riceverla [...]. Le Anime patiscono pene corporali solo in quanto possiedono un corpo; e così quelle che sono in uno stato di purezza e non si portano dietro nulla di corporeo necessariamente non potranno più appartenere a un corpo. Se, dunque, non hanno una sede corporea in cui stare e non hanno un corpo, si troveranno là dove sono la sostanza, l'essere e il divino, anzi si troveranno in Dio; e qui, in compagnia di quelle realtà e nell'unione con Dio, l'Anima sarà finalmente quello che dev'essere». PLOTINO, libro IV, 3, 21-24, R. RADICE (trad. it.), Mondadori, Milano 2002, 887. 889. 891. 893. 895.

7 «[...]. Anzitutto, se Dio si vedesse, non sarebbe Dio: anzitutto perché sarebbe qualcosa che è parte del mondo materiale, e che, come tale, non potrebbe essere Creatore del mondo materiale stesso; in secondo luogo perché sarebbe qualcosa che diviene, deperisce, occupa un tempo e uno spazio, sottomesso alle leggi della fisica e della chimica.
Ma se Dio esiste, ed è veramente Dio, cioè l'Onnipotente, Egli è il Creatore e il signore della materia e delle leggi della fisica e della chimica: è dunque altro da esse, così come l'uomo è altro dai manufatti che costruisce, e di cui è, analogamente, "creatore" e signore.
Se si potesse entrare in un computer, non avrebbe senso dire: "guarda, nel computer non vi è nessun uomo, significa che si è fatto da sé", perché è evidente che il computer è stato

Sono le domande di senso; le domande di sempre, a ogni latitudine[8]. Sono le domande della filosofia[9]. Sono le domande che nascono dal "più-che-umano", dall' "oltre-bios", quale l'uomo è. Sono le domande che l'oltre-bios porta con sé[10].

Ha senso parlare, oggi, di filosofia? Ha senso, oggi, fare filosofia[11]?

---

assemblato e reso funzionante da qualcuno di esterno a esso: analogamente è bizzarro ritenere di poter trovare, dentro l'universo [...], non le [...] tracce [di Dio] ma Dio stesso, contenuto, racchiuso-rinchiuso nella sua creazione!
[...].
Se apriamo un corpo, non troviamo la *vita*; se osservo un cadavere, vedo che è ben diverso da un uomo vivo, però non vedo nulla che sia venuto a mancare, benché sia evidente che qualcosa non c'è più.
Se il chirurgo apre un cervello, non trova dei *pensieri*: eppure il nostro pensiero lo sperimentiamo ogni istante. [...].
Se l'anatomista disseziona un cuore, non trova *emozioni* e *sentimenti*, ma solo un muscolo. Eppure, i sentimenti agitano tutto il mio corpo, fanno arrossire la mia faccia, generano sorrisi o lacrime.
Se guardo un'azione di un'altra persona, vedo dei fatti, ma non scorgo il *movente* di quell'azione: ma senza quel movente, non ci sarebbe neppure quell'azione [...].
[...].
Così, se osservo un bel quadro, vedo pigmenti, tracce [...] di colore, ma quel quadro non è solo quel colore, quei pigmenti, è soprattutto la fantasia, la *creatività*, la bravura intangibile, eppure efficace del pittore». F. AGNOLI, *Dieci brevi lezioni di filosofia*, op. cit., 6.7-8.

[8] «Perché io esisto, perché vi è qualcosa piuttosto che nulla, com'è possibile che io sappia qualcosa, questi problemi tradizionali sono per [Bergson] "patologici" come i problemi di uno che, a forza di dubitare, non sa più se ha chiuso o no la finestra. Essi [...] compaiono [...] quando noi fingiamo di porci col pensiero in un vuoto primordiale, mentre il vuoto, il non-essere, il nulla [...] non sono altro che un modo tutto verbale [...] che [...] presuppongono [...] un soggetto già installato nell'essere.
[...] un nulla nella coscienza sarebbe la coscienza di un nulla, il che, dunque, non sarebbe affatto nulla». M. MERLEAU-PONTY, *Elogio della filosofia*, Se, Milano 2008, 19.27.

[9] «[...] anche se le domande filosofiche riguardano tutti gli esseri umani, non tutti diventano filosofi. [...] la maggior parte delle persone è così presa dalle cose di tutti i giorni che il pensare [...] occupa l'ultimissimo posto.
Un filosofo [invece] non è mai riuscito ad abituarsi del tutto al mondo che, per lui, continua a essere assurdo, sì, enigmatico e misterioso.
[...] Per questo ti offro questo corso di filosofia: per sicurezza. Non voglio che tu appartenga alla categoria degli apatici e degli indifferenti. Voglio che tu viva la tua vita in modo consapevole». J. GAARDER, *Il mondo di Sofia*, Longanesi, Milano 1994, 17.25.

[10] «I filosofi [certamente] non hanno il monopolio delle domande, ma neppure quello delle risposte». G. CAMBIANO, *Sette ragioni per amare la filosofia*, Il Mulino, Bologna 2019, 68.

[11] «Potete certamente decidere che tutte queste sono questioni che lasciano il tempo che trovano e che si può vivere benissimo divertendosi, facendo soldi o morendo di fame senza che esse ci tocchino da vicino. Ma – a parte che erti esseri umani non possono resistere alla meraviglia che li porta a farsi queste domande – nel corso della storia queste questioni "irrilevanti" hanno determinato il nostro modo di vivere, hanno spinto certi gruppi a guerre di

Ha senso parlare di "senso"[12]? Ha senso mettersi a cercare cause profonde e concause: dietro, sotto, oltre ciò che appare?[13] Ha senso mettersi a perlustrare il "perché del perché dell'essente"? Sembra proprio di no. Si tratta, per molti, di un capitolo chiuso[14].

religione, hanno influenzato profondamente le indagini degli scienziati, hanno determinato il nostro modo di intendere la vita, il divertimento, il guadagno e le nostre miserie, anche per coloro che non se ne sono mai resi conto». U. ECO - R. FEDRIGA, *Storia della Filosofia. Dall'Antichità al Medioevo*, Laterza Edizioni Scolastiche, Roma - Bari- Milano 2014, 7.
«Antonio Gramsci, in un passo dei *Quaderni del carcere*, sostiene che tutti gli uomini sono filosofi. Lo sono, sia pure inconsapevolmente, in quanto anche nella minima manifestazione di una qualsiasi attività intellettuale è contenuta una determinata concezione del mondo». P. BARBIERI, *Perché è necessario lo studio della filosofia*, Book Time, Milano 2019, 40.

12 «La domanda di senso si allarga, si estende a tutta la nostra vita individuale a tutta la storia dell'uomo, a tutto l'universo. Rispetto all'individuo, perché il dolore e non anche il piacere e non soltanto il piacere? Perché la sofferenza e non soltanto la gioia? Perché l'infelicità e non soltanto la felicità? Rispetto alla storia: perché l'oppressione e non soltanto la libertà? Perché la guerra, la violenza, le stragi e non soltanto la pace, il benessere e la fraternità? Rispetto all'universo intero, infine, la domanda fondamentale che comprende tutte le altre: perché l'essere e non il nulla?». N. BOBBIO, *La filosofia e il bisogno di senso*, Morcelliana, Brescia 2017, 27.

13 «Oltre i gesti e gli atti esiste sempre una qualche forma di causa in gioco che non è stata espressa, che viene nascosta sotto lo stile, che si cela dietro e tra le parole. Essa non emerge come una frase o uno sventolio di mani, non si mostra come un abito indossato o uno sguardo feroce, ma soggiace a tutti questi elementi esteriori e non può essere considerata nulla nell'equazione con cui cerchiamo di comprendere gli avvenimenti del mondo, soprattutto quando si tratta di un evento come quello rappresentato da Breivivik [Anders Behring Breivik è l'autore degli attentati che, in Norvegia, a Oslo e a Utøya, il 22 luglio 2011, provocano la morte di settantasette persone. Breiviik, autodefinitosi "salvatore del cristianesimo", si definisce anti-multiculturalista, anti-islamista e anti-marxista] o dai *foreign fighters*.
Scandagliare le cause soggettive, nascoste e misteriose di un atto come quello non è un'indulgenza proposta alla società, un tentativo di giustificare o, peggio, scusare quegli atti immondi. Si tratta piuttosto di lanciarsi in un atto [...] che ci permette di individuare le vere cause di un atto per sradicarne le premesse stesse. Breivik non era spinto da schizofrenia paranoica, come suggerivano tutti gli "psicologi comportamentisti" della Norvegia, perché le motivazioni che lo spinsero a compiere quel massacro erano lucidamente chiare di fronte al suo sguardo. E nel compendio, delirante e tremendamente *naïf*, che il terrorista di Utoya ha lasciato in rete, abbiamo prova certa di un fatto: che oltre gli spari, oltre gli slogan, oltre le appartenenze deviate, esistono cause e concause molto più profonde rispetto a ciò che Breivik mostra di sé.
Compito della filosofia è la comprensione di ciò [...]». R. DAL FERRO, *Elogio dell'idiozia. Un maldestro tentativo di farmi capire*, Tlon, Roma 2018, 29-30.

14 «Se mi domando: che cos'è l'essere – perché esiste qualcosa, perché non esiste il nulla? – chi sono io? – che cosa voglio propriamente? – allora è evidente che se mi pongo simili domande non sono in un inizio originario, ma in una *situazione* in cui mi trovo proveniente da un passato.
Destandomi alla coscienza di me stesso, mi colgo in un mondo in cui mi oriento; avevo afferrato le cose e le avevo lasciate cadere di nuovo; tutto era evidente, era senza problemi,

La ragione di tutto questo è semplice. La filosofia non è produttiva. I suoi grandi temi (la vita, la morte, la felicità, l'amicizia, la solitudine, il suicidio, la vecchiaia, l'onestà e il potere; l'essere e il nulla; l'amore) non sono quotati in borsa. La filosofia non dà guadagni. Non è utile. È, dichiaratamente, contro uno dei dogmi della nostra società: il dogma dell'utile economico. È, spudoratamente, contro il mercato e la sua logica[15]. Pone il problema dei fini e agisce in un mondo fatto di fini, più che di strumenti e, nel postmoderno, spesso, sono gli strumenti a contare più dei fini.

La fisica, la chimica, la tecnica, l'economia offrono, innegabilmente, strumenti utilissimi, all'uomo, ma tralasciano, di tanto in tanto o sovente, la domanda sui fini[16] ai quali quegli stessi strumenti debbano servire, affinché

---

era pura presenza. Ora, con mia grande sorpresa mi domando che cosa propriamente esiste, perché tutto è transitorio; io non ero all'inizio e non sono alla fine. Eppure, compreso tra l'inizio e la fine, domando di questo inizio e di questa fine». K. JASPERS, *Metafisica*, Mursia, Milano 1972, 15.

[15] «Popper riconosceva nel passaggio dalla società chiusa alla società aperta *una delle più profonde rivoluzioni attraverso le quali è passato il genere umano* [il corsivo è mio]. [...] il nostro tempo è segnato da una nuova rivoluzione [...]: la transizione a uno stadio avanzato dalla società aperta a quella che definisco "ottusa". Intendo qui utilizzare questo termine [...] indicando qualcosa di estraneo alla ragione [...]». P. ERCOLANI, *Figli di un io minore. Dalla società aperta alla società ottusa*, Marsilio Ancora, Venezia 2019, 18-19.
[...] la società ottusa non va considerata alla stregua di un semplice ritorno alla società chiusa, bensì come un fenomeno contemporaneo e inaudito. Se la società chiusa di Popper escludeva [...] il pensiero razionale e, con esso, l'istituzione del mercato, lasciandosi guidare dagli ideali e meccanismi magici e tribali della tradizione, quella ottusa è regolata dalla teologia dogmatica del mercato e della cosiddetta (e sedicente) "intelligenza collettiva", generata dalla Rete. La società ottusa è quella in cui si manifesta in modo dirompente la nostra strutturale incapacità di limitarci a una "fede terrestre nella ragione", secondo l'espressione di Karl Popper.
Questa fede è stata soppiantata da quella sconsiderata in altre divinità, terrestri, a cui affidare ogni ambito dell'umano, le due entità che connotano la società ottusa: la tecnica e il mercato. Entrambe trovano nelle nuove tecnologie digitali uno strumento potentissimo attraverso il quale un potere che si declina in termini tecno-finanziari ha potuto imporre il proprio dominio incontrastato». P. ERCOLANI, *Figli di un io minore*, op. cit., 19-20.

[16] «La filosofia si trova in tutt'altra zona e in tutt'altro grado dell'esistenza spirituale». M. HEIDEGGER, *Introduzione alla metafisica*, G. VATTIMO (a cura di), Mursia, Milano 2019[4], 37.
«Ci imbattiamo qui nel problema delle cosiddette due culture, quella scientifica e quella umanistica, in cui abitualmente viene inserita anche la filosofia. Si deve per forza rimanere

l'uomo possa essere pienamente se stesso, uomo tra gli uomini, uomo in relazione[17].

Questa colpevole o dolosa dimenticanza dei fini sta all'origine dei grandi drammi dell'umanità di oggi, con milioni di uomini, di donne, di bambini che muoiono di fame; che non hanno accesso all'acqua potabile; che vedono negato il diritto a rimanere nella propria terra. Costretti a fuggire da miserie e da guerre, essi danno vita a impressionanti esodi di massa, tra i più imponenti della storia umana.

Che cosa potrebbe mai interessare, e a chi, un discorso filosofico sull'anima[18]? Quale utilità potrebbe avere!

---

oppressi nel circolo chiuso di una cultura solo scientifica o di una cultura solo umanistica? Già nel passato questo problema non era assente, anche se oggi si pone con particolare drammaticità. [...]
L'uomo enciclopedico non è mai esistito, tanto meno oggi con le specializzazioni crescenti. [...]
In un mondo fatto di soli specialisti nasce il problema di chi sia in grado di valutare l'opera di uno specialista. [...]
Spirito scientifico e spirito filosofico [...], pur avendo forme diverse e differenti modi di espressione, in ultima istanza perseguono obiettivi analoghi: ridestare, costruire e rafforzare quello che è chiamato spirito critico [...] contro un modello di cultura incapace di distinzioni, analisi, sensibilità e argomentazioni». G. CAMBIANO, *Sette ragioni per amare la filosofia*, Il Mulino, Bologna 2019, 148.150.152.154.

[17] «[...] la filosofia non è nemmeno un sapere tale da potersi apprendere immediatamente, com'è delle conoscenze tecniche o di mestiere, né un sapere da potersi immediatamente applicare, come quello economico o quello, in genere, professionale, che, di volta in volta, si può apprezzare in base alla sua utilità.
Ma ciò che non è utilizzabile può nondimeno, anzi più di ogni altra cosa, costituire una potenza». M. HEIDEGGER, *Introduzione alla metafisica,* op. cit., 20.

[18] «[...] la potenza vitale del corpo e dell'anima per l'unione reciproca ha forza e gode della vita; né senza il corpo infatti la natura dell'animo umano può da sé sola produrre i moti della vita, né privo d'anima il corpo durare e disporre dei sensi. Appunto come, avulso dalle radici, l'occhio da sé non può scorgere alcuna cosa, disgiunto dal resto del corpo, così s'intende che l'anima e la mente per sé non possono nulla. Certo perché, mescolati per vene e visceri, per nervi e ossa, i loro principi sono trattenuti da tutto il corpo né possono balzar via liberi a grandi distanze, per questo rinchiusi si muovono con moti creatori di senso, che fuori del corpo, gettati nei soffi dell'aria dopo la morte, non possono più suscitare, perché non sono trattenuti allo stesso modo di prima. [...] Per questo, ancora una volta, quando sia tutto sciolto l'involucro del corpo ed espulso il soffio della vita, devi ammettere che si dissolve anche il senso dell'animo e l'anima, perché è congiunta la causa della loro vita». TITO LUCREZIO CARO, *De rerum natura*, A. FELLIN (a cura di), Utet, Torino 1997.

Che cosa potrebbe interessare, e a chi, un discorso filosofico sul tempo[19]? Quale ricaduta pratica potrebbe determinare!

E, ancora, che senso potrebbe mai avere una riflessione filosofica e metafisica, su essere e nulla, su corpo e corporeità, se lascia assolutamente indifferenti il fatto che delle vite umane, ridotte a corpi senz'anima, vengano lasciati morire in mare o ai piedi di fili spinati[20]?

Da ultimo, quale utilità potrebbe avere lo stare a riflettere sulla possibilità del nulla[21]?

---

[19] «Secondo i concetti tradizionali, il tempo è un fenomeno bidimensionale, con un lungo passato, un *presente* e virtualmente *nessun futuro.* [...] Il futuro è virtualmente assente perché gli eventi inclusi in esso non hanno ancora avuto luogo, non sono stati realizzati e non possono, quindi, costituire tempo. Se, tuttavia, gli eventi futuri sono destinati ad accadere per certo, o se fanno parte dell'inevitabile ritmo della natura, possono al massimo costituire solo un *tempo potenziale*, non un tempo *reale.* Ciò che ha luogo in questo momento si dispiega indubbiamente anche nel futuro, ma una volta che un evento ha luogo, non è più nel futuro, ma nel presente e nel passato. Di conseguenza, il *tempo reale* è ciò che è presente e ciò che è passato. Si muove *all'indietro* più che *in avanti* [il corsivo è mio] e la gente pone la propria attenzione non su cose future, ma principalmente su quanto ha già avuto luogo. Questo orientamento temporale, governato com'è dalle due dimensioni principali del presente e del passato, domina la comprensione [...] dell'individuo, della collettività e dell'universo [...]. Il tempo deve essere vissuto e sperimentato per avere un senso o diventare reale. Una persona fa esperienza diretta del tempo in parte nel corso della propria vita individuale e in parte attraverso la società che risale a molte generazioni prima della sua stessa nascita. Dal momento che ciò che è futuro non è stato ancora vissuto, esso non ha ancora un senso, non può, dunque, costituire una parte del tempo e la gente non sa come pensarci, a meno che, ovviamente, sia qualcosa che fa parte del ritmo dei fenomeni naturali». J. MBITI, *African Religions and Philosophy*, in G. REALE – D. ANTISERI, *Storia delle idee filosofiche e scientifiche. Dai presocratici ai nostri giorni*, Editrice La Scuola, Milano 2019, 31.

[20] «Il principio di Parmenide, secondo il quale *l'essere è e il non essere non è,* deve essere spiegato, di conseguenza percepito [...] come problema vivo oggi e non come un tema sollevato da un antico pensatore; [come un tema tutt'altro che irrilevante]. P. BARBIERI, *Perché è necessario lo studio della filosofia*, op. cit., 39.

[21] «[...] che cosa c'è da chiedere riguardo al nulla? Il nulla è semplicemente nulla. Il domandare non ha [...] nulla da cercare. [...] non si progredisce minimamente nella conoscenza dell'essente.

Chi parla del nulla non sa assolutamente quello che fa. Chi parla del nulla ne fa con ciò stesso un qualcosa. [...]. Si contraddice [...]. Ora, un dire contraddittorio contrasta alla regola fondamentale del dire (λόγος), cioè alla logica. Il parlare del nulla è illogico chi parla e pensa illogicamente è un uomo che non sa di scienza. Ora, il fatto che proprio all'interno della filosofia, dove la logica è di casa, si parli del nulla, fa sì che tanto più duramente s'incorra nel rimprovero di mancare alla regola fondamentale di ogni pensiero. Questo parlare del nulla si riduce a frasi prive di senso. [...].

[...] parlare del nulla [...] ripugna [...] al pensiero.

C'è dell'altro, trattando dell'inutilità della filosofia. Tutto, oggi, deve essere veloce[22]. Colui che pensa ha bisogno di tempo, ma il tempo è denaro. Serve per produrre. Pensare è antieconomico; un'inutile perdita di tempo, appunto[23]. Si pensa, soltanto, ciò che potrebbe esser utile per il mercato. Il tempo non utile alla produzione e al mercato, è tempo sprecato e il tempo sprecato è sacrilegio[24].

Oggi, generalmente, parliamo del "tempo come misura" piuttosto che del "tempo come esistenza". Viviamo il tempo come misura, senza custodia

---

[...] è [...] certo che non si può parlare né discutere del nulla come se si trattasse di una cosa: della pioggia [...], di una montagna o, [...], di un qualsiasi oggetto. Il nulla permane [...] inaccessibile a ogni scienza. Chi vuole davvero parlare del nulla deve necessariamente rinunciare all'atteggiamento scientifico. Ma ciò costituisce una grossa disgrazia solo fintantoché sussiste l'opinione che il pensiero scientifico sia il solo vero e autentico pensiero rigoroso e che esso possa e debba venir assunto come criterio unico anche dal pensiero filosofico. È in realtà vero il contrario. Ogni pensiero scientifico è solo una forma derivata [...] del pensiero filosofico. La filosofia non nasce dalla scienza né grazie alla scienza. La filosofia non si lascia mai coordinare con le scienze. Essa è loro piuttosto sovraordinata [...].
[...] parlare [...] del nulla rappresenta [...] qualcosa di insolito. Infatti non si lascia volgarizzare [...] con l'[..] acume puramente logico. Il discorso sul nulla non può nemmeno [...] iniziarsi immediatamente, come per esempio la descrizione di un quadro. Per ciò che concerne la possibilità di un tale discorso sul nulla si possono dare soltanto delle indicazioni». M. HEIDEGGER, *Introduzione alla metafisica,* op. cit., 34.35-37.

22 «[Occorre l'antidoto del pensiero] contro i veleni del dominio dell'indifferenza, della supremazia dei numeri e delle misure, della dittatura della velocità, della banalizzazione dei rapporti umani (sempre più asserviti al virtuale, a tal punto da ridurre l'amicizia a un *click* su Facebook)». N. ORDINE, *Gli uomini non sono isole. I classici ci aiutano a vivere*, La nave di Teseo, Milano 2018, 80-81.

23 «Quando si parla di filosofia, [...], accade talvolta che [qualcuno] [...] [aggiunga]: "[...]. La filosofia non mi interessa, perché si occupa di cose astratte".
È un concetto che si sente dire spesso. Eppure, nella sua apparente logicità, è, in verità, infondato. [...].
Quante sono le cose che facciamo molta fatica a vedere, eppure esistono?
La storia della scienza [per esempio] è piena di ripensamenti, dovuti alla impossibilità di poter prendere per certo ciò che si vede a prima vista.
Non è stato forse assai difficile per millenni "vedere" che la Terra ruota su se stessa e gira intorno al Sole? [...] Che il cosiddetto "vuoto" pullula di entità particellari (quanti) in movimento?». F. AGNOLI, *Dieci brevi lezioni di filosofia*, op. cit., 5-6.
Non è stato forse difficile vedere per secoli un intero mondo fisico che sfugge allo sguardo umano: il mondo delle onde, dell'energia, dei campi e delle particelle? E il campo geomagnetico che flette l'ago di una bussola? Non è forse vero che si vedono gli effetti, ma la sorgente, la causa di questo campo è per noi invisibile?

24 «Non a caso al dittatore del romanzo di García Marquez appariva dannoso che i cittadini avessero tempo libero per pensare». G. CAMBIANO, *Sette ragioni per amare la filosofia*, op. cit., 95.

del tempo stesso. Non viviamo il tempo non come "tempo della vita". Parliamo, cioè, del tempo utile a realizzare obiettivi, piuttosto che del tempo lungo il quale si distende la vita e la storia dei singoli e dei popoli, con il loro vivere e con il loro morire.

Al più, riusciamo a parlare di "tempo libero" che è tutt'altra cosa rispetto al "tempo liberato".

Il tempo libero è, infatti, una pausa, dentro i ritmi di ogni giorno; una pausa determinata dagli stessi ritmi. Si tratta di un tempo che, soltanto apparentemente, è scelto da noi, mentre, nei fatti, è determinato dagli stessi ritmi di vita, rispetto ai quali ci si concede una pausa.

Si ha tempo libero, perché il datore di lavoro ha stabilito certi turni, piuttosto che altri; perché ci si prende un tempo di ferie in un certo periodo, piuttosto che in un altro; perché le esigenze famigliari consentono, solo in un certo momento, di poter dare uno stacco.

Il tempo libero, insomma, è il tempo del week-end; delle ferie; del riposo lavorativo tra un turno e l'altro; del break, nel turno di servizio. È, secondo lo "schema del battere e del levare", il momento del levare, ma dentro quello stesso schema di battere e di levare. È, in definitiva, il tempo dentro l'occupazione.

Il tempo libero, spesso, è tutt'altro che tempo liberato. Anzi, paradossalmente, il tempo libero finisce con l'essere "tempo occupato": occupato da attività; da cose da fare; da compiti e, perché no, da ruoli (si pensi all'imprenditore che, a sera, dismette il ruolo dell'imprenditore per diventare mister di una scuola di calcetto; oppure all'avvocato che, nel fine settimana, archivia codici e carte bollate, per diventare istruttore di balli latino-americani). Per un ruolo che si lascia, un altro si prende, dentro un tempo che si ritiene essere libero ma che, nei fatti, è ingolfato di cose, di attività, di ruoli.

Tutt'altra cosa è, invece, il "tempo liberato". Si tratta del tempo che io scelgo, dentro o al di là di ogni occupazione, per ascoltare il mio bisogno di identità; di relazione; di radicamento; di trascendenza; di orientamento nel mondo e nella storia. È un "oltre-tempo", dentro il tempo che mi è dato di vivere; dentro il tempo delle occupazioni ma fuori da ogni occupazione, nel senso che l'occupazione non impedisce l'ascolto di quei miei bisogni antropologici esistenziali (identità, relazione, radicamento, trascendenza, orientamento).

È in questo tempo liberato (nei fatti, un "meta-tempo"), che la filosofia trova il proprio respiro, interrogandosi sul tempo[25] stesso e sul senso che ne deriva per la persona umana.

Torniamo al discorso della filosofia, del suo senso e della sua utilità.

La filosofia non è amica del potere, dei poteri forti. Non fa abbassare la testa né piegare la schiena[26]. Fa dire di "no", a voce alta. Contesta

[25] «Il concetto di tempo è stato indagato da tutti i filosofi antichi. [...]. Con Parmenide il tempo diventa un tema filosofico a tutti gli effetti; è tuttavia nel *Timeo* di Paltone che la questione viene dibattuta diffusamente per la prima volta. Con Aristotele la temporalità viene legata alla dimensione psicologica dell'uomo, ma è con Agostino che la dimensione psicologica del tempo viene recuperata e sviluppata. La teoria della *distensio anima,* esposta nelle *Confessioni*, definisce la temporalità in questi termini: noi conserviamo la memoria del passato e siamo in attesa del futuro, ma nell'anima vi è, oltre a ciò, l'attenzione costante per le cose presenti. La vita dell'uomo si svolge, si distende seguendo queste tre direzioni. La centralità del presente è però indiscutibile, ragion per cui è possibile riformulare le tre dimensioni temporali come sue modificazioni. Il tempo cessa di essere rappresentato dalla figura circolare, come accadeva nella filosofia pagana, e si cristianizza, assumendo come immagine propria quella della linea retta.
Il tempo, dunque, dalla Grecia in poi, riveste in filosofia un ruolo centrale [...]». G. REALE – D. ANTISERI, *Storia delle idee filosofiche e scientifiche*, op. cit., 30.

[26] «[...] non è un caso se [...] Marx afferma:
Come la filosofia trova nel proletariato le sue armi materiali, così il proletariato trova nella filosofia le sue armi spirituali, e non appena il lampo del pensiero sarà penetrato profondamente in questo ingenuo terreno popolare, [...] *si compirà l'emancipazione* [...] *a*

l'esistente. È via del dissenso[27]. È, per sua natura, rispetto ai poteri forti, "pensiero dissidente", pensiero che resiste a ogni tirannia, prima fra tutte quella del "pensiero unico". La filosofia resiste alle convenzioni e al dogma del "mainstream", del pensiero commerciale e di massa.

Il potere, qualsiasi forma di potere, invece, ha bisogno di sentirsi dire di "sì", soltanto di "sì". Il potere e coloro che lo incarnano hanno il vitale bisogno di spiriti remissivi, di "yes-men": di uomini e di donne che non siano in disaccordo; che non sollevino obiezioni; che non muovano critiche; che permettano, insomma, al potere, di correre, evitando gli ingorghi del pensiero che, invece, interroga, domanda, chiede perché le cose sono così come sono.

Il potere ha bisogno di colonizzare, di sclerotizzare, rendendo inerti. Il potere non tollera l'esistenza e il pensiero di persone libere che sfuggano al dominio del potere stesso e che, quindi, non possano essere controllate, promosse o censurate[28]. Il potere non accetta che si divenga impercettibili e clandestini, tracciando territori fuori presa[29].

---

uomini. [Il corsivo è mio]». P. BARBIERI, *Perché è necessario lo studio della filosofia*, op. cit., 35.

27 «Se si pensa che la filosofia costituisca un'unica necessaria linea continua, [...], si rischia di indebolire o addirittura annullare quella dimensione di dissenso [che è] tratto saliente delle vicende della filosofia [stessa]». G. CAMBIANO, *Sette ragioni per amare la filosofia*, op. cit., 170.

28 «La terra è inzuppata di sangue versato a causa o in nome di idee filosofiche. Non si uccide né si muore o ci si sacrifica per le leggi [...] di Faraday, [per le idee filosofiche, invece, sì]». D. ANTISERI, *Furto di filosofia, furto di democrazia*, Editrice La Scuola, Milano 2019, 9.

«Non sono pochi i pensatori perseguitati fino alla morte. Basterebbe ricordare Socrate [469 a.C. – 399 s. C.] [...] Giordano Bruno [1548-1600], [...], Giulio Cesare Vanini [1585-1619]. Davanti al terribile supplizio che lo attendeva, socraticamente, si rivolse al suo aguzzino che lo doveva scortare al patibolo: "Andiamo, andiamo allegramente a morire da filosofo». P. BARBIERI, *Perché è necessario lo studio della filosofia*, op. cit., 45.

Ricordiamo, brevemente che: «Molti ateniesi pensavano che Socrate costituisse un pericolo e una minaccia per lo stato. Nel 399 a.C., quando Socrate aveva settant'anni, un cittadino di nome Meleto lo denunciò, accusandolo di empietà: secondo lui aveva trascurato le divinità di Atene, tentando di introdurne di nuove. Sostenne anche che Socrate insegnava ai giovani ateniesi a comportarsi male, incoraggiandoli a ribellarsi alle autorità». N. WARBURTON, *Breve*

La curiosità, la creatività e la ricerca della verità possono anche uccidere[30], poiché affrontano e sfidano il potere a muso duro. La storia dei filosofi, per questa ragione, talvolta, è una tragica storia di sangue.

Il potere, invece, ha bisogno di organi, contro ogni possibile rischio di volatilizzazione; di ingranaggi, contro ogni possibile nebulizzazione; di territori, contro ogni rischio di clandestinità. Ha bisogno di delimitare e di controllare i propri confini, negando, sul nascere, ogni possibile, libero esodo, causa di dissoluzione del "corpo del potere".

Il potere necessita, sempre, di una cortina, al di qua della quale esso possa vivere e possa continuare a dirsi "potere", perché al di là di ogni cortina, invece, è più che probabile che il potere smetta di essere tale, nebulizzandosi e disperdendosi: perdendo, appunto, ogni potere.

Colui che pensa, infatti, dice che non ci sta oppure che, in parte, non condivide. Colui che pensa non è utile al sistema, ma, soprattutto, è pericoloso, per il sistema e per il corpo del potere. Potere e sistema non tollerano resistenze[31]. La filosofia è, spudoratamente, contro l'autorità che si fa "potere costituito"[32], "potere assoluto".

---

storia della filosofia. Con un'appendice di Pietro Emanuele all'edizione italiana, L. DE TOMMASI (a cura di), Salani, Milano 2016, 13.
È giusto il caso di ricordare che Giordano Bruno, domenicano, invece, viene accusato di eresia, per aver espresso opinioni non conformi a quelle della Chiesa e di aver dubitato dell'ortodossia del pensiero religioso ufficiale. In particolare, egli viene accusato di non credere nella transustanziazione eucaristica né alla verginità di Maria; che in Dio non vi è distinzione di persone; che esistono infiniti mondi, poiché Dio, continuamente ne crea. Bruno è accusato, inoltre, di praticare la divinazione e la magia; di essere un lussurioso e di vivere alla maniera dei protestanti.
Giulio Cesare Vanini, carmelitano, infine, in quanto avversario di ogni forma di superstizione e di fede costituita, viene accusato di ateismo, bestemmia ed empietà.

[29] Cfr. G. DELEUZE – F. GUATTARI, *Come farsi un corpo senz'organi? Millepiani II*, Castelvecchi, Roma 1996, 83.

[30] Cfr. N. ORDINE, *Gli uomini non sono isole*, op. cit., 234-239.

[31] Il potere ha bisogno di ingranaggi. Ha bisogno di servi e di organi. «Da dove prenderebbe i tanti occhi con cui vi spia, se voi non glieli forniste? [...] che male potrebbe mai farvi se non faceste da palo al ladrone che vi saccheggia, se non foste complici dell'assassino che vi

C'è l'evidente rischio, tuttavia, che la filosofia si renda utile per il potere; che la filosofia si metta a servizio del potere. Il potere ruba, così, la filosofia[33].

La filosofia, che entra nelle vene del potere costituito, legittimandone gli interessi e la pratica, però, smette di essere filosofia. Diventa "filosofia del sistema"; sistema essa stessa[34]; "filosofia del corpo del potere"; filosofia che ha mentalizzato il corpo, divenendo, essa stessa, corpo[35]. È la filosofia come μίμησις, "mimesis": imitazione e riproduzione del potere; rappresentazione e autoritratto del potere stesso; perpetuazione della smania di potere.

La filosofia potrebbe, pure, entrare dentro i sistemi, ma senza fare corpo con loro. Entrerebbe all'interno ma con lo sguardo di colei che sta fuori, che viaggia fuori e che, dall'esterno dei buchi neri del potere e del suo delirio, osserva, investiga, pone domande, cerca nessi, traccia linee di fuga[36].

---

uccide e traditori di voi stessi». E. DE LA BOÉTIE, *Discorso sulla servitù volontaria*, E. DONAGGIO (a cura di), Universale Economica Feltrinelli, Milano 2011, 45.

32 «Gli uomini fabbricano un ombrello che li ripari e sulla sua parte interna disegnano un firmamento e scrivono le loro convenzioni, le loro opinioni; ma il poeta, l'artista [il filosofo] pratica un taglio nell'ombrello, lacera anche il firmamento, per far passare un po' di caos libero e ventoso e inquadrare in una luce brusca una visione che appare attraverso la crepa. [...] Ci vorranno sempre nuovi artisti [nuovi filosofi] per fare altre crepe, operare le distruzioni necessarie, forse sempre più grandi, e restituire così ai loro predecessori l'incomunicabile novità che non si riusciva più a vedere. Ciò significa che l'artista [il filosofo] non combatte tanto il caos (che egli in qualche modo auspica fervidamente) quanto i luoghi comuni dell'opinione». G. DELEUZE – F. GUATTARI, *Che cos'è la filosofia?*, C. ARCURI (a cura di), Piccola Biblioteca Einaudi, Torino 2002, 205.

33 «Il furto di filosofia è furto di democrazia». D. ANTISERI, *Furto di filosofia,* op. cit., 23.

34 Potrebbe valere per il potere, quanto Heidegger afferma della filosofia in relazione alla moda: «[...] quando una filosofia diventa di moda, allora non si tratta di vera filosofia, oppure essa risulta sviata dal suo senso e indebitamente sfruttata per scopi qualsiasi, a lei estranei, piegata a esigenze del momento». M. HEIDEGGER, *Introduzione alla metafisica*, op. cit., 20.

35 «Non vi è centro di potere che non abbia una [...] microtessitura. Quest'ultima [...] spiega come un oppresso possa sempre svolgere un ruolo attivo nel sistema d'oppressione: gli operai dei paesi ricchi partecipano attivamente allo sfruttamento del Terzo mondo, all'armamento delle dittature, all'inquinamento dell'atmosfera». G. DELEUZE – F. GUATTARI, *Come farsi un corpo senz'organi?*, op. cit., 123.

36 «Perché la linea di fuga è una guerra da cui si rischia di uscire sconfitti, distrutti, dopo aver distrutto tutto quel che si poteva? Ecco precisamente il [...] pericolo: che la linea di fuga

La filosofia, infine, non serve per la vita di ogni giorno[37]. È superflua, per l'uomo comune, soprattutto, per colui che vive sopravvivendo: agli altri, agli eventi, alla vita stessa che tenta di demolirsi[38]. L'uomo comune, con la filosofia e con le sue domande, non vive né sopravvive[39]. La filosofia, per lui, è, semplicemente, superflua[40]. Non si può pensare, neanche, che con la filosofia, l'uomo sia felice.

---

oltrepassi il muro, che esca dai buchi neri, ma che, invece di connettersi con altre linee [...], *si converta in distruzione, abolizione pura e semplice, passione d'abolizione*». *Ivi,* 130.

«Se si nega la possibilità di conoscere [...], non rimangono che la violenza e la sopraffazione, non necessariamente esercitate con la forza, ma pure con innumerevoli altri mezzi [...].

[...] la conoscenza, accompagnata dalla capacità critica di valutare l'attendibilità delle argomentazioni [...] può funzionare da contropotere rispetto a [...] forme di nascosta violenza». G. CAMBIANO, *Sette ragioni per amare la filosofia*, op. cit., 152.

[37] «Per la maggior parte delle persone, per la maggior parte di voi, la filosofia è assente dalle sue preoccupazioni, dai suoi studi, dalla sua vita. [...] allora, perché filosofare piuttosto che *non* filosofare?

[...] in filosofia c'è [...] [il] *philein*: amare, essere innamorato, desiderare.

[...] Chi desidera ha ciò che gli manca, altrimenti non desidererebbe, ma, nello stesso tempo, non lo ha. [...] è già lì, nel desiderio, senza tuttavia esserci.

[...] il desiderio è suscitato [...] dall'assenza della presenza». J. F. LYOTARD, *Perché la filosofia è necessaria*, Raffaello Cortina Editore, Milano 2013, 3-6.

In questo desiderio, come polarizzazione sull'assenza, su ciò che manca, si ritrova, continuamente, la necessità della filosofia.

[38] «Non cominciamo a vivere realmente se non una volta giunti in fondo alla filosofia, alla sua rovina, quando abbiamo capito sia la sua terribile insignificanza sia l'inutilità del farvi ricorso, in quanto non è di alcun aiuto». E. CIORAN, *Sommario di decomposizione*, M. A. RIGONI (trad. it.), Biblioteca Adelphi 328, Milano 2012, 69.

[39] «Non a caso due grandi autori, Théophile Gautier e Kakuzo Okakura, hanno insistito sull'importanza dei fiori per rendere più umana l'umanità [...]: nell'introduzione al suo romanzo *Mademoiselle de Maupin* (1834), che proprio le cose più belle della vita non vengono considerate necessarie ("Niente di ciò che è bello è indispensabile alla vita. Se i fiori venissero eliminati, il mondo non ne soffrirebbe materialmente; chi vorrebbe tuttavia che non ci fossero più fiori? Rinuncerei più volentieri alle patate che alle rose, e credo che soltanto un utilitarista potrebbe essere capace di distruggere un'aiuola di tulipani per piantarvi dei cavoli" p. 28), fa eco la convinzione dello scrittore giapponese che, nella sua opera *Lo zen e la cerimonia del tè* (1906), individua addirittura nel piacere di raccogliere un fiore per regalarlo alla propria compagna il momento preciso in cui la specie umana si eleva al di sopra degli animali ("L'uomo primordiale trascese la propria condizione di bruto offrendo la prima ghirlanda alla sua fanciulla. Elevandosi al di sopra dei bisogni naturali primitivi, egli si fece umano. Quando intuì l'uso che si poteva fare dell'inutile, l'uomo fece il suo ingresso nel regno dell'arte" p. 67)». N. ORDINE, *Gli uomini non sono isole*, op. cit.,85.

[40] «Ma pensiamo a uno sventurato, oppresso dalla miseria o dalla malattia, che si chieda "ma perché sono nato? Non potevano i miei genitori non mettermi al mondo?". Il poveretto sta parlando di qualcosa di essenziale per lui, eppure sta facendo della filosofia, anche se non se

Si potrà dire: "L'uomo, mediante la filosofia, acquista la consapevolezza di sé. Questa consapevolezza lo rende più felice".

Guardiamo, attentamente, però. È più felice l'uomo, che, avendo consapevolezza di sé, sa di dover morire, oppure un gattino, che non avendo consapevolezza di sé (se non quella offertagli dal proprio istinto), si preoccupa solo di dover mangiare e di doversi riprodurre?

L'uomo che ha la consapevolezza della propria morte (al di là di ogni possibile credo religioso) non può non sentire l'angoscia che l'idea della morte porta con sé, poiché il morire è, sempre, un congedarsi: dagli altri, dal mondo, dalla storia. È un congedarsi anche dal proprio sé, in assenza di una prospettiva ultraterrena. È, ancora, un congedarsi "della vita" e "dalla vita", mentre noi desideriamo, per nostra natura, una vita che sia per sempre; una vita senza congedo.

L'economia, il potere costituito, la vita di ogni giorno, dunque, non sanno che farsene della filosofia. Inutile o pericolosa o superflua, la filosofia non merita spazio, se non lo "spazio dell'inutile" (quello in cui vengono ammassate le cianfrusaglie della mente e dell'esistenza) o, più semplicemente, uno "spazio inutile" (quello che serve a nessuno; uno spazio rimasto lì, inutilizzato, come un bianco di pagina, come un vuoto di scena)[41].

---

ne rende conto, così come il famoso personaggio di Molière non si era mai accorto di parlare in prosa». U. ECO - R. FEDRIGA, *Storia della Filosofia. Dall'Antichità al Medioevo*, op. cit., 5.
«I filosofi vengono derisi e al loro pensiero viene opposta, come un mantra, la domanda "a cosa serve la filosofia". [...]
[...] Il pensiero dominante è pronto a respingere la filosofia affermando che si tratta di pensiero astratto, di voli affascinanti ma effettuati tra le nuvole e non nella realtà». P. BARBIERI, *Perché è necessario lo studio della filosofia*, op. cit., 18.20.

[41] «[...] l'utilità dei saperi inutili si contrappone radicalmente all'utilità dominante che, in nome di un esclusivo interesse economico, sta progressivamente uccidendo la memoria del passato, le discipline umanistiche, le lingue classiche [...], l'arte, il pensiero critico e l'orizzonte civile che dovrebbe ispirare ogni attività umana. Nell'universo dell'utilitarismo [...] un martello vale più di una sinfonia, un coltello più di una poesia, una chiave inglese più

2. "Pensiero" e "pensiero di pensiero"

Inutile[42], fino al punto da rivelarsi utile. Pericolosa, fino al punto da scoprirsi necessaria. Superflua, fino al punto da essere imprescindibile.

Non è l'elogio della filosofia. È la filosofia nella sua intima essenza, nella sua intima bellezza.

Eccola, dunque, così perfettamente inutile, ma capace di chiedere che cosa sia, veramente, utile[43]. Eccola, così scandalosamente pericolosa per il

---

di un quadro: perché è facile capire l'efficacia di un utensile mentre è sempre più difficile comprendere a cosa possano servire la musica, la letteratura o l'arte. [...]
[...] nella battaglia contro la dittatura del profitto [...] mi preme sottolineare la vitale importanza di quei valori che non si possono *pesare* e *misurare* con strumenti tarati per valutare la *quantitats* e non la *qualitas*. [...]
Il sapere si pone di per sé come un ostacolo al delirio d'onnipotenza del denaro e dell'utilitarismo. Tutto si può comprare, è vero. [...] Ma [...] nessuno [...] potrà compiere al nostro posto quel faticoso percorso che ci permetterà di apprendere. [...] la più prestigiosa laurea acquistata con i soldi non ci apporterà nessuna vera conoscenza e non favorirà nessuna autentica metamorfosi dello spirito. [...]
Solo il sapere può sfidare [...] le leggi del mercato. [...]
Certo non è facile capire, nel nostro mondo dominato dall'*homo oeconomicus*, l'utilità dell'inutile e, soprattutto, l'inutilità dell'utile (quanti beni non necessari ci vengono venduti come indispensabili?). Fa male vedere gli esseri umani, ignari della crescente desertificazione che soffoca lo spirito, consacrati esclusivamente ad accumulare soldi e potere. [...] Fa male vedere uomini e donne impegnati in una folle corsa verso la terra promessa del guadagno, dove tutto ciò che li circonda – la natura, gli oggetti, gli altri esseri umani – non suscita alcun interesse. [...]
[...] l'inutile è necessario per rendere ogni cosa più bella». N. ORDINE, *L'utilità dell'inutile. Manifesto. Con un saggio di Abraham Flexner*, Bompiani, Milano 2013, 15-19.

42 «Si crede [...] che la filosofia "non conclude nulla" e "non serve a niente". Entrambi questi luoghi comuni, che vanno per la maggiore soprattutto nell'ambito [...] della ricerca scientifica, [...] hanno una loro incontestabile esattezza. Chi, per contro, cercasse di dimostrare che la filosofia, in fin dei conti, "qualcosa conclude", non farebbe che aumentare e rafforzare il fraintendimento [...] consistente nel preconcetto che la filosofia può essere valutata secondo i criteri correnti, [...], della funzionalità [...] o dell'efficacia [...]. M. HEIDEGGER, *Introduzione alla metafisica*, op. cit., 23.

43 «I filosofi non sono mai vissuti con la testa nelle nuvole, come vogliono le caricature fatte dai loro detrattori, o dalla saggezza popolare che ha sempre scherzato sul "professore distratto". È vero che Platone nel *Teeteto* raccontava che Talete, mentre studiava gli astri e guardava in alto, era caduto in un pozzo. Però Aristotele, quasi a salvare Talete dalla reputazione di un sapiente con la testa fra le nuvole, riportava che, mentre i suoi

potere, ma capace di chiedere che cosa sia il bene e che cosa sia il male. Eccola, così banalmente superflua, a chiedere dove sia riposto il senso della vita[44] e, addirittura, se abbia un senso il vivere e il morire[45]; se abbia un senso l'essere venuti al mondo.

Per quanto non lo si possa immaginare, a esempio, una delle massime dell'imperativo categorico di Kant (1724-1804): "Agisci in modo da trattare l'umanità, sia nella tua persona sia in quella di ogni altro, sempre anche come fine e mai semplicemente come mezzo"[46], e l'intero sistema kantiano, pur con il suo formalismo, con la sua astrattezza e con la sua apparente

---

contemporanei gli rinfacciavano l'inutilità della filosofia egli, avendo previsto in base a calcoli astronomici un'abbondante raccolta di olive, ancora in pieno inverno si era accaparrato con pochi soldi tutti i frantoi di Mileto e di Chio così che, quando era giunto il tempo della raccolta, li aveva affittati a gran prezzo dimostrando che, se volevano, anche i filosofi potevano arricchirsi». U. ECO - R. FEDRIGA, *Storia della Filosofia. Dall'Antichità al Medioevo*, op. cit., 9.
«[...] Bergson dice che la filosofia [...] è nella percezione presente e attuale, e [...] che bisogna cercare la nostra relazione d'essere con le cose». M. MERLEAU-PONTY, *Elogio della filosofia*, op. cit., 23.

[44] Ludwig Wittgenstein [1889-1951] [...] afferma [...]: "Su ciò di cui non si può parlare, si deve tacere". Ciò che può essere detto sono le proposizioni della logica e della scienza, ma è ciò che non può essere detto che interessa davvero e, infatti [...] afferma: "Noi sentiamo che, anche una volta che tutte le possibili domande scientifiche hanno avuto risposta, i nostri problemi vitali non sono ancora neppure toccati" [il virgolettato è mio].
È dei problemi vitali, dunque, che si occupa la filosofia. Problemi ai quali le scienze non possono dare una risposta *vera*, cioè incontrovertibile». P. BARBIERI, *Perché è necessario lo studio della filosofia*, op. cit., 21-22.

[45] «[...] alcune piaghe [...] hanno assunto oggi proporzioni preoccupanti nella nostra società. Penso al culto delle cifre e delle misurazioni che ormai ha inquinato ogni aspetto [...]. L'attenzione per la valutazione (che in sé va considerata legittima e necessaria) si è trasformata in una burocratica ossessione per i numeri, esclusivamente fondata sulla "quantità". La logica "computazionale" sembra ormai essere il naturale volano di una concezione aziendalistica [...] interamente proiettata verso le cosiddette "esigenze" del mercato [...].
Una deriva mercantile [...] sta compromettendo [...] anche il futuro. [...] [Si guarda] sempre più alla stella polare del mercato e ai sistemi di valutazione che misurano "risultati" ed efficienza. Il rischio ormai è sotto gli occhi di tutti: [tutti] incoraggiati a scalare classifiche [...] [a] occupare le vette delle graduatorie». N. ORDINE, *Gli uomini non sono isole*, op. cit., 92-94.
«La filosofia è prassi, e implica un modo di vivere». K. JASPERS, *La mia filosofia*, RENATO DE ROSA (a cura di), Einaudi, Torino 1946, 7.

[46] I. KANT, *Fondazione della metafisica dei costumi*, in *Scritti morali,* P. CHIODI (trad. it.), Utet, Torino 1995, 88.

mancanza di concretezza storica, permette di sottoporre a critica, severa e sferzante, la società attuale che, in nome del mercato e delle sue leggi, a ogni istante, tratta gli uomini e le donne, sempre più, come mezzi e sempre meno come fini.

E che dire, ancora, se, proprio Kant è il primo filosofo a intuire il problema della globalizzazione, interrogandosi sulla immigrazione, sul "non cittadino", su colui che, cioè, non ha uno stato cui appartenere. Sarà Kant, infine, in quanto filosofo, a tentare di rompere il sodalizio tra la filosofia e la guerra, affrontando, filosoficamente, il problema della pace; auspicando l'avvento di una società delle nazioni che si occupi di evitare e di fermare le guerre, quelle guerre che Kant, opportunamente, distingue dai conflitti. Cosicché, se i conflitti possono tornare utili alla vita, le guerre, per Kant, sono, sempre e comunque, espressione del male.

Disordinata, come nient'altro, pertanto, la filosofia ricerca, interroga, investiga, schiaffeggia[47], indispettisce. Feroce e dolce, la filosofia, semplicemente, domanda.

Ciò che esiste, ciò che è dato, ciò che accade, ciò che è sotto il nostro sguardo, il limite e la possibilità; la vita e la morte interrogano e si lasciano interrogare. Si lasciano mettere in discussione e mettono, a loro volta, in discussione.

La filosofia, così, interrompe e sospende. Resiste alla precomprensione e all'opinione. Dissente dai luoghi comuni e dalle ovvietà. Mette uno stop a ciò che è noto, a ciò che è comune, a ciò che è sempre stato

---

[47] «[...] nessuno di voi è costretto a giurare nelle parole di alcun maestro». G. VICO, *Della mente eroica,* in *Opere*, A. BATTISTINI (a cura di), Il Mulino, Milano 2008, 383.

e a ciò che, forse, sempre sarà, per interrogarlo[48]. Mossa, com'è, dal dubbio, essa interrompe l'agire e la prassi. Spacca il "solito" e si mette a cercare, sempre, un possibile "altrove". È scienza che resiste ed è scienza che domanda[49].

È scienza che domanda. Non dà risposte. Suscita interrogativi e induce alla ricerca. Ciò che viene trovato, tuttavia, non sfugge ad altre domande[50]. Non può fare a meno di suscitare nuovi interrogativi; di porre nuovi problemi[51]. È scienza che interroga senza fine[52]. La filosofia fa, di ogni

---

[48] «[...] è proprio dell'essenza della filosofia di rendere le cose non più facili, bensì più difficili. E questo non a caso: infatti il suo modo di comunicare appare inconcepibile e addirittura pazzesco per il senso comune. Il compito vero della filosofia consiste in realtà piuttosto nell'appesantimento [...] dell'esserci storico, e, in ultima analisi, dell'essere stesso. L'appesantimento conferisce alle cose, all'essente, il loro peso (d'essere)». M. HEIDEGGER, *Introduzione alla metafisica*, op. cit., 22-23.

[49] «Certo ci può essere chi non si pone né intende porsi domande. Questa soluzione estrema si trova incarnata nel personaggio di un romanzo dello scrittore Ivan A. Gončarov, *Oblomov* (1859), che assume un atteggiamento apatico di fronte a ogni cosa o avvenimento [...] perché avverte l'inutilità del tutto. [...] "s'era adagiato nella semplice ed ampia bara della sua immanente esistenza", [...] senza grandi gioie né grandi dolori [...]. La rinuncia alle domande è rinuncia alla vita. Si può tentare per molto tempo di sfuggire a qualsiasi domanda, ma rimane sempre aperta la possibilità di situazioni che costringano a porle. [...] allora "esiste qualcosa di peggio del farsi domande [...] nella vita, è farsele troppo tardi". [...]
È soprattutto nelle situazioni estreme che si può avvertire dolorosamente quanto esse siano importanti. [...]
E allora forse non merita sprecare questo privilegio della libertà del porsi domande.
[...] ogni cosa può essere oggetto di domanda. [...].
Certo si può convivere con le proprie credenze, molti lo fanno, senza mai metterle in questione: è l'atteggiamento chiamato conformismo». G. CAMBIANO, *Sette ragioni per amare la filosofia*, op. cit., 13-15.168.

[50] Cfr. E. MIRRI, *L'essenza della filosofia*, Morlacchi Editore U. P., Perugia 2020.

[51] «Le domande dei filosofi [...] non trovano già date le risposte: [...] essi stessi cercano di trovarle e non è detto che queste facciano sempre scomparire del tutto le domande che le hanno originate.
Le domande [...] possono annidarsi ovunque e possono assumere varie forme, [...] "perché?" o "che cos'è?" [...]. Esse nascono [...] dalla constatazione che non si sa qualcosa e, al tempo stesso, si desidera saperla. Ciò che può suscitarle è la curiosità o lo stupore [...] uno stordimento d'animo». G. CAMBIANO, *Sette ragioni per amare la filosofia*, op. cit., 16.
«Aristotele [...] afferma che la filosofia nasce dalla *meraviglia*. È qui necessario fare una precisazione sulla parola *meraviglia*, traduzione del termine greco *thauma*. Una traduzione [...] debole [...] potrebbe far pensare allo stupore e alla sorpresa che si prova davanti a un oggetto, a un'opera d'arte, [...]. *Thauma* vuol dire molto di più perché è traducibile anche col termine *sgomento*.

traguardo, un punto di partenza. Trovato un aspetto, quell'aspetto si rivela, ben presto non indubitabile. Se non è indubitabile è, almeno, parziale ed è, per ciò stesso, dubitabile. Può essere messo in discussione.

La filosofia, cosi, conosce un'arte nota a pochi: l'arte del disimparare. Disimpara, infatti, ciò che è dato per acquisito e cristallizzato. Sa decristallizzare ciò che è ritenuto essere un dogma, per il pensiero e per la conoscenza, attivando l'ingranaggio del dubbio.

La domanda filosofica nasce dal dubbio e il dubbio si affaccia davanti a ciò che sorprende, meraviglia, disorienta. Il dubbio è, sempre, la verità che bussa alla porta e va risolto con il vero. È la domanda che viaggia alla scoperta dell'indubitabile. Si mette a cercare il vero. Di ricerca in ricerca, però, finisce, sempre, con il riproporre la dubitabilità da cui essa stessa, sempre, nasce.

Quindi la *meraviglia* è quel senso di sgomento, quell'angosciato stupore, quello stordimento e terrore dell'uomo dinanzi al divenire della vita, cioè dinanzi al dolore e alla morte. [...].
I problemi riguardanti l'intero universo cosa sono se non gli interrogativi del perché noi siamo e del perché esiste l'universo e soprattutto per quale motivo, noi che siamo, poi non saremo più? Aristotele prosegue spiegando come tutti coloro che provano quel senso di sgomento riconoscono di non sapere, [...].
Se così stanno le cose, ecco la conclusione straordinaria di Aristotele che dovrebbe bastare a fare tacere i detrattori: [la filosofia] [...] *noi non la ricerchiamo per nessun vantaggio che sia estraneo ad essa; e, anzi, è evidente che, come diciamo uomo libero colui che è fine a se stesso e non è asservito ad altri, così questa sola, tra tutte le altre scienze, la diciamo libera: essa sola, infatti è fine a se stessa*». [...]
La filosofia deve annunciare la luce [...], davanti al buio dello sgomento per il dolore e per la morte [...] davanti al terrore che l'uomo prova per il dolore e per la morte. E lo deve fare dall'alto, cioè attraverso il *logos*, il pensiero libero». P. BARBIERI, *Perché è necessario lo studio della filosofia*, op. cit., 14.25.

[52] «L'esistenza dei problemi filosofici è un dato irriducibile e ostinato. Le teorie filosofiche sono risposte a questi problemi. E la storia della filosofia è la storia dell'insorgenza di problemi filosofici, storia di tentativi teorici di soluzione di tali problemi, storia di dispute e di argomentazioni filosofiche. [...]. Una storia da dove emerge che, se c'è forse qualcosa di *perenne* nella filosofia, perenni non paiono essere le soluzioni quanto piuttosto i *problemi*». *Ivi,* 8. 9.

Tutto ciò, evidentemente, non rivela alcuna, apparente utilità pratica. Per questa utilità pratica che, apparentemente, non c'è, non ha senso parlare, oggi, di filosofia?

"Disordinata", perché non è finalizzata a un aspetto particolare ed esclusivo, la filosofia mette la vita sotto esame. Ciò che è "evidente", ciò che è "comune", la filosofia lo rende "estraneo". Lo mette sotto interrogatorio[53]. Ciò che è solito, la filosofia lo rende insolito. Da ciò che è vicino, la filosofia si allontana, per osservarlo meglio[54]. Sta qui, una delle principali differenze, tra "senso comune" e "opinione", da una parte, e "filosofia", dall'altra; tra la prima immagine (arbitraria e individuale), che io mi faccio delle cose, e ciò che, invece, sta al di là di ciò che appare, al di là da ciò che è fenomeno; al di là di ciò che è esistente[55].

La filosofia naviga, disordinatamente, in spazi che sembrano non suoi[56] ma che, di fatto, le appartengono, e a cui essa stessa appartiene. Naviga con regole che si dà e che si toglie, a suo piacimento, scegliendo paradigmi, prima utili, poi, totalmente inutili, non appena essi rivelano debolezze e inconsistenze. La filosofia fa capricci. Punta i piedi ma, poi, è

---

[53] «La filosofia [...] ama presentarsi, in primo luogo, come rimozione ed estinzione dell'opinione, di quel che *pare*, affinché non faccia impedimento alla considerazione genuina di quel che *è* [il corsivo è mio]; e il gusto del paradosso, cioè dell'antiopinione, è una delle soddisfazioni che più facilmente si concedono i filosofi, di fronte al giudizio e al pensiero comune». M. GENTILE, *Trattato di filosofia*, Edizioni Scientifiche Italiane, Napoli-Roma, 1987, 157.

[54] «Pensiamo che il pensiero sia acquisizione [...], ma le cose non stanno così. Il pensiero è prima di tutto [...] sensazione di bilico [...] di fronte all'abisso di ciò che ignoriamo». R. DAL FERRO, *Elogio dell'idiozia. Un maldestro tentativo di farmi capire*, op. cit., 82-83. 157.

[55] «[...] i fenomeni non esistono in sé, ma solo relativamente a quel soggetto medesimo, in quanto esso è dotato di sensi. [...] i fenomeni sono solamente rappresentazioni di cose, le quali rimangono ignote per quel che possono essere in se stesse. [...] [Sono] semplici rappresentazioni, i fenomeni [...]. I. KANT, *Critica della ragion pura*, G. GENTILE – G. LOMBARDO RADICE (trad. it.), Laterza, Bari 2017, 127.

[56] «[...] la filosofia, per quanto si espanda il territorio proprio della scienza, mette ancora (per così dire) il suo naso dappertutto». U. ECO - R. FEDRIGA, *Storia della Filosofia. Dall'Antichità al Medioevo*, op. cit., 4.

abile a desistere su tutto, tranne che sui capricci di sempre: la domanda e il rigore della domanda stessa. È abile a desistere su tutto, tranne che su quella sua inesauribile spinta e problematica ricchezza.

Di quale domanda si tratta? Si tratta della domanda sulla essenza delle cose; su ciò per cui una determinata cosa "è ciò che è" e non un'altra[57]. È la persecutoria domanda "che cos'è?"[58]. È la messa in crisi della banalità; lo shock termico tra senso comune e domanda sull'essenza; un impressionante sbalzo di temperatura, al quale il senso comune, l'opinione non sono più in grado di resistere, tanto è alto il rigore della domanda.

La filosofia si ribella a tutto e a tutti[59]. Non guarda in faccia i suoi interlocutori. Li riduce a oggetti da osservare, esplorare, smontare e

---

[57] «Il termine "essenza" (in greco *ousia*, in Latino *essentia*) [...] denota l'elemento formale costitutivo di una cosa, l'elemento che l'assegna a una determinata specie e allo stesso tempo la separa da tutte le altre. [...] così *umanità* è solo quello che è incluso nella definizione di uomo; solo per questo infatti l'uomo è uomo, e precisamente questo indica il termine umanità, quello cioè per cui l'uomo è uomo. Ecco come si esprime S. Tommaso a questo riguardo: "L'essenza propriamente è ciò che viene espresso dalla definizione. Ora la definizione comprende i principi specifici e non quelli individuali. Perciò [...] l'essenza [...] significa il composto di materia e forma in universale, in quanto sono principi della specie". [...] L'essenza in se stessa possiede soltanto un'attitudine [...] all'esistenza. [...] tra essenza e atto d'essere c'è reale distinzione: essi formano un tutto nell'ente». B. MONDIN, *Manuale di filosofia sistematica*, vol. 3, *Ontologia e metafisica*, op. cit., 139-140.

[58] «Filosofia viene detta, dunque, giustamente l'attitudine a compiere qualunque atto di conoscenza autentica e genuina, cioè rivolto a capire le cose come sono, nella loro propria consistenza e non in rapporto all'uso che se ne voglia fare per altri scopi. Ma la filosofia acquista, infine, la struttura di una forma di sapere distinta dalle altre, in quanto divenga tema esplicito e specifico di ricerca quel carattere di presenza ch'è comune a tutte le forme del conoscere: cioè l'essere qualche cosa». M. GENTILE, *Trattato di filosofia*, op. cit., 227.

[59] «È scontato che la filosofia sia un atteggiamento di ricerca nato in seno a una determinata cultura, quelle ellenica, che si trovava nella Ionia circa sei secoli prima dell'inizio della nostra era [...]. E penso anche che questo avvenimento abbia le circostanze storiche talmente specifiche [...] che solo in virtù di un abuso linguistico si può parlare di filosofia indiana o cinese [...] prima che determinati indiani o cinesi moderni, dopo aver conosciuto i filosofi greci, decidessero coscientemente di filosofare [...] percorrendo il cammino aperto da essi. Tuttavia questa nascita in seno a una cultura concreta non priva la filosofia del suo carattere specificamente transculturale, anzi non le impedisce neppure di rappresentare una certa *ribellione* contro la sua stessa cultura originaria e, per esteso, di incitare chiunque a ribellarsi contro la propria [...] o per lo meno a curiosare pericolosamente fra le altre». F. SAVATER, *Dizionario filosofico*, Laterza, Roma-Bari 2000, 21.

rimontare. Tratta malissimo persone e cose[60]. Trascina al banco degli imputati. Tratta malissimo, persino Dio[61], affinché le cose, le persone, Dio, brillino, agli occhi della mente, in tutto il loro splendore oppure come oggetti di superstizione.

Inutile come nient'altro; pericolosa più dei peggiori veleni mortiferi; superflua come uno scarabocchio, neanche mai tracciato, la filosofia pensa l'utile; pensa il sistema, tra logiche e pericoli; pensa il vivere di ogni giorno, tra vitale e superfluo, tra finito e infinito, tra reale e virtuale; pensa l'essere[62].

La filosofia, semplicemente, pensa. È il pensiero che pensa se stesso, nell'atto di pensare l'essere[63]. Quando il pensiero va verso se stesso, quando cerca e trova se stesso, allora, vi è la filosofia[64].

---

[60] «[...] la filosofia si differenzia dalle altre scienze per l'universalità del suo oggetto materiale *(tutte le cose)* e per l'elevatezza del suo oggetto formale *(ultime cause)*. P. DEZZA S.J., *Filosofia. Sintesi scolastica*, Editrice Pontificia Università Gregoriana, Roma 2003[10], 11. 12-13.

[61] [...] la trattazione filosofica ci propone tanti e tali problemi, prospettive, punti di vista che ci costringono a mettere in discussione ogni nostra convinzione, anche la più forte, quella per la quale siamo pronti anche a batterci. [...] costringe a mettere in discussione anche la fede in Dio, [...] che per il credente rappresenta la verità assoluta. Conoscere la prova ontologica dell'esistenza di Dio di Anselmo e la confutazione che ne fece Kant, avere letto Tommaso d'Aquino e Agostino e poi quei pensatori che hanno invece negato l'esistenza di un essere superiore che ha creato il mondo consente o di avere una fede più consapevole o di non averla». P. BARBIERI, *Perché è necessario lo studio della filosofia*, op. cit.,42.

[62] «[...] oggi mi sembra possa valere [...] la tesi heideggeriana sul "linguaggio come casa dell'essere". [...] le cose vengono all'essere solo in quanto vengono al linguaggio (Heidegger). [...].

Il linguaggio è la casa dell'essere, noi siamo sempre "gettati" in una lingua storicamente definita: l'essere non (ci) si dà direttamente (non sarebbe l'essere, ma solo la presenza dell'ente-oggetto). L'esperienza dell'essere o del mondo, ci è possibile, per Wittgenstein, solo entro una forma di vita che abbia [...] la sua lingua, [...]. Se qualcosa non "funziona", la filosofia ci aiuta a uscire dal "crampo" mettendo in chiaro le regole del gioco. Ciò che possiamo e dobbiamo fare per "star meglio" (o essere felici, o meno infelici) è adeguarci al gioco che stiamo [...] giocando. [...]. Wittgnstein [...] crede di poter curare i mali del linguaggio – e la conseguente infelicità filosofica». G. VATTIMO, *Essere e dintorni*, G. IANNANTUONO – A. MARTINENGO – S. ZABALA (a cura di), La nave di Teseo, Milano 2018, 44.50-51.

[63] «Il concetto di essere [...] è il primo che sorge nella mente [...] e che perciò ogni uomo possiede [...]. [...] non è possibile una [...] definizione [dell'essere] [...] perché la nozione di

La filosofia, dunque, non è il pensiero puro e semplice. Non è il concetto. Non è il sapere né la conoscenza. È, invece, il pensare che coglie l'uomo nell'atto stesso di pensare qualcosa, pur sempre l'essere[65], e di costruire la propria conoscenza. È il pensiero che si sporge e si affaccia; che evade e si interroga. È un vedere l'uomo, come dall'alto, quasi uno "spiarlo", mentre egli fa qualcosa; mentre egli compie quella particolare azione che è il pensare l'essere[66].

È un guardare dentro l'uomo ma dal di fuori. L'uomo si distanzia da se stesso (fin dove gli è consentito)[67]; si eleva sopra di sé (fino alle altezze

essere è la [...] più universale di tutte e non ha sopra di sé alcun genere o differenza, [...]. È il primo e più semplice [concetto] per mezzo del quale spieghiamo gli altri più complessi; anche il bambino quando chiede spiegazioni, domanda che cosa è questo o quell'oggetto, ma non domanda mai che cosa è la cosa ...

[...] Per questo carattere di universalità, l'essere [...] viene detto trascendente.

[...] trascendente significa una nozione che si applica a tutte le cose, non soltanto ad una determinata classe, genere o specie, ma le trascende tutte e totalmente le penetra [...].

Trascendente invece nella filosofia moderna si dice ciò che è al di là della nostra esperienza; in questo senso è trascende Dio e lo spirito perché non ne abbiamo esperienza, ma li conosciamo solo indirettamente mediante un ragionamento [...]». P. DEZZA S.J., *Filosofia. Sintesi scolastica*, op. cit., 65-66.

64 «Né la filosofia è qualcosa di astratto e avulso dalla *vita* con la quale invece è intimamente connessa. La filosofia infatti esamina i problemi che più intimamente interessano l'uomo, riguardanti la sua natura, la sua origine e il suo destino, affinché egli sappia orientarsi nella vita». *Ivi*, 12-13.

65 «[...] l'essere [...] noi [lo] incontriamo [...] ovunque, non ci si manifesta mai direttamente, ma è sempre nascosto dietro la maschera di un ente particolare. [...].

Il concetto onnicomprensivo a cui nulla si può sottrarre (tranne il nulla) e che tutto contiene (anche la parola "nulla") è l'essere. L'essere abbraccia tutto ciò che è. [...].

[...] per giungere all'essere [...] occorre passare attraverso la molteplicità degli enti [...]. C'è qualche ente privilegiato, che meglio d'ogni altro ci può svelare i segreti dell'essere? [...] l'ente che si chiama "uomo" ha per l'essere una particolare preoccupazione: infatti è l'unico ente che si interroga sull'essere». B. MONDIN, *Manuale di filosofia sistematica*, vol. 3, *Ontologia e metafisica*, op. cit., 135-136.

66 «[...] in questo evadere [...] non si può realizzare completamente l'oblio di se stesso. Per un momento potrei [...] abbandonarmi e farmi imprigionare dai legami dell'oggettività conosciuta che, anche senza di me, esiste ed accade. Ma se poi questa oggettività mi diventa problematica, allora, partendo da una coscienza di smarrimento, mi ritrovo davanti a me stesso nella situazione iniziale in cui mi trasformo insieme con essa. Se non *oso essere me stesso* nella comprensione [...], rimango tra l'inizio e la fine nell'angoscia del non-essere». K. JASPERS, *Metafisica*, op. cit.,16.

67 «Ogni domanda metafisica può [...] essere posta solo in modo che colui che la pone [...] è coinvolto nella domanda, cioè è posto in questione. [...] il domandare metafisico deve essere

che può raggiungere); si porta oltre la cortina del suo sé (fino al limite che non può valicare) per mettere a fuoco l'immagine dell'uomo stesso, immerso nell'essere[68]. Il pensiero puro e semplice, così, si fa "pensiero filosofico"[69], pensiero metafisico[70], poiché è nel mondo che l'uomo incontra gli enti.

---

posto [...] a partire dalla situazione essenziale dell'esserci che domanda. Noi domandiamo qui e ora, per noi». M. HEIDEGGER, *Introduzione alla metafisica*, op. cit., 37-38.

[68] «Parrebbe, a prima vista, che [...] appartenessimo del tutto a noi stessi. È invece proprio questo domandare che ci sospinge come in uno spazio aperto, a patto di trasformarsi esso stesso [...], istituendo un nuovo spazio che tutto include e attraversa». HEIDEGGER, *Introduzione*, op. cit., 40.

G. Vattimo, che, pure, sostiene l'oblio della metafisica dell'essere, scrive: «Non si "arriva" da nessuna parte, ci si aggira sempre nei dintorni, si permane dentro un orizzonte. È questo del resto il nostro rapporto con l'essere [...] esso è l'apertura entro cui stiamo». G. VATTIMO, *Essere e dintorni*, op. cit.,10.

A proposito di questo "oblio della metafisica dell'essere", Vattimo stesso si fa interprete di Martin Heidegger (1889-1976) e scrive: «[...] Heidegger [...] è interessato a cogliere l'esserci dell'uomo in ciò che ha di autentico, e così facendo scopre che l'esistente è [...] per lo più perduto nell'inautenticità; la quale viene identificata con l'oblio "metafisico" dell'essere. Secondo Heidegger, [...], la metafisica che abbiamo ereditato dai greci identifica l'essere con la datità [...] degli enti, [...]; ma così [...] riduce anche l'essere dell'uomo a oggettività, [...]. Pensandosi come un ente fra gli enti, l'esistente è perduto nell'inautenticità». *Ibidem*, 42.

[69] «Uno dei grandi obiettivi della filosofia è esattamente questo: comprendere ciò che l'uomo è non dal di dentro, ma dall'esterno. [...] rendere conto dell'uomo non vivendolo in prima persona, ma dandogli un senso di universalità, [...] *dal di fuori di uno sguardo in prima persona* [...].

[I filosofi, pertanto, così come i personaggi dei romanzi horror di Howard Phillips Lovercraft] si gettano nell'esplorazione di un mondo che non sanno». R. DAL FERRO, *Elogio dell'idiozia. Un maldestro tentativo di farmi capire*, op. cit.,82-83. 157.

[70] «La critica alla metafisica è una costante degli esponenti del circolo di Vienna [1924-1938]: in base al principio di verificazione, infatti, "le proposizioni della metafisica sono del tutto prive di senso" [...], asserendo che la metafisica sorge quando si accettano come dotati di significato termini che non hanno alcun riferimento all'esperienza e li si usa per pretendere di parlare della realtà. Anziché muoversi nell'ambito del vero e del falso, il metafisico "si limita a esprimere dei sentimenti, come un artista"». G. REALE – D. ANTISERI, *Storia delle idee filosofiche e scientifiche*, op. cit., 657.

«La questione del dissidio tra [Giovanni] Reale "metafisico" e [Dario] Antiseri "fideista". Scrive Giovanni: "Ho un grande interesse per la metafisica intesa come problematica dell'Assoluto, ma rifiuto una metafisica sistematica, che abbia pretese di essere conoscenza incontrovertibile (conoscenza assoluta dell'Assoluto). Mi interessa, soprattutto, la forza d'urto di questa problematica [...]. Metafisica, dunque, come tentativo di spezzare le inferriate di quell'ergastolo mentale costituito da uno scientismo materialistico, che, solo tramite una decisione dogmatica, riduce il tutto-della-realtà alla realtà indagata e indagabile dalla scienza. Metafisica come *una domanda d'urto in senso forte, come apertura alla trascendenza* [il corsivo è mio]». D. ANTISERI, *Furto di filosofia*, op. cit., 77.

Pensare Dio o la "polis"[71] oppure il bene o il male, poco importa. Sfrontata, fino al punto da violentare le linee di confine di ogni oggetto, che il pensiero possa pensare, la filosofia, rispettosamente, e, in modo paradossale, si tiene al di qua di ogni confine. Si tiene al di qua del confine di Dio, del diritto, della conoscenza, mentre coglie l'uomo nell'atto di pensare tutte queste cose. La filosofia, così, non è il pensiero ma il "pensiero di pensiero sulle cose". È "pensiero filosofico", appunto.

Non è Dio ciò che interessa alla filosofia, né il diritto, né la conoscenza. La filosofia non è interessata a niente se non all'uomo, come a ciò che le sta, realmente, a cuore[72]; l'uomo, colto nella sua attività più propria, che è il pensare e interrogare l'essere[73]; dunque, l'uomo immerso nell'essere, impastato di essere, in intimità col mondo (laddove egli incontra gli enti) che pensa Dio, che pensa il diritto, che pensa la conoscenza, che pensa qualsiasi cosa[74].

È la totale compenetrazione tra l'uomo che ricerca e l'oggetto che egli stesso si mette a ricercare; una ricerca dell'uomo sull'uomo, dentro se stesso, dentro l'essere cui egli stesso appartiene[75].

---

[71] Cfr. R. GUASTINI, *Filosofia del diritto positivo. Lezioni,* V. VELLUZZI (a cura di), G. Giappichelli editore, Torino 2017.

[72] «[...] con Isaiah Berlin (1909-1997), [filosofo e politologo britannico, possiamo affermare]: "Il fine della filosofia è sempre il medesimo: consiste nell'aiutare gli uomini a capire se stessi e quindi a operare alla luce del giorno e non, paurosamente, nell'ombra». D. ANTISERI, *Furto di filosofia,* op. cit., 27.

[73] «Il sapere è [...] poter stare nella manifestazione dell'essente, sostenerne il peso. [...] poter interrogare». M. HEIDEGGER, *Introduzione alla metafisica*, op. cit., 32.33.

[74] «Un certo fideismo, [...], farebbe volentieri a meno di questo modo umano di conoscenza, lo reputa ben poca cosa davanti alla sublimità della Rivelazione, anzi, pensa che esso ostacoli piuttosto che [agevolare] l'approccio al divino. Si comincia allora a parlare male della natura e dell'intelletto umano, si pretende di limitare l'ambito di quest'ultimo all'empirico e al pratico (Kant) se non lo si demonizza addirittura (Lutero)». T. TYN, *Metafisica della sostanza*, Fede & Cultura, Verona 2009, 30.

[75] «La filosofia teoretica è una disciplina al tempo stesso particolare e generale. Essa è una partizione interna di quell'intero che è il sapere filosofico e nel contempo è, o riassume in sé, l'intera filosofia [...].

L'espressione *filosofia teoretica* [il corsivo è mio] ha la sua origine nel linguaggio dei Greci e allude manifestamente a un sapere (*sophia*) incentrato sul vedere o su un atto di visione (*theorein*). [...]
Ora, questa sapienza diviene consapevole di sé in Platone proprio sulla base di una profonda trasformazione del concetto di visione. Questa trasformazione viene emblematicamente illustrata dal celebre mito della caverna nella *Repubblica*, cioè da quello che potrebbe definirsi il mito fondatore di tutta la sapienza filosofico-scientifica dell'Occidente. Qui Platone opera una distinzione fondamentale tra il vedere sensibile del corpo e il vedere intellegibile dell'anima. Due millenni e mezzo di eredità platonica [...] ci hanno resi ciechi alla effettiva portata e profondità di quel gesto platonico. Esso è divenuto per noi così ovvio [...] che i suoi effetti non valgono per noi come invenzione teorica di straordinaria audacia, ma come ovvietà del senso comune [...]. In realtà Platone, distinguendo vedere sensibile e vedere intelligibile, istituiva le due nozioni correlative e contrapposte di corpo sensibile [...] e di anima intelligente o mente razionale (capace di discorso, *logos*, e di ragionamento, [...], nonché di intuizione concettuale, *nous*). [...] termini equivalenti ai nostri concetti [...], di corporeità e di spiritualità [...] nascono [...] in Platone e danno origine a un plurisecolare sviluppo. [...]
Pensare in senso filosofico equivale dunque a intuire, cioè a vedere spiritualmente l'essenza o l'idea delle cose reali e a esprimerla concettualmente in definizioni rigorose. [...]
La filosofia teoretica (cioè fondata sull'intuizione visiva dell'intelletto o della mente logica) non è altro che la filosofia stessa, nella sua massima universalità. Ma questa sapienza o scienza generale sottende scienze e sapienze particolari [...] come sue partizioni. [...] la filosofia teoretica è la filosofia stessa nella sua essenza e nel suo intero, comprendente tutte le possibili distinzioni disciplinari. In tal modo la filosofia teoretica è *una* disciplina entro un intero [...] ed è nel contempo questo intero stesso [...].
[...] la filosofia teoretica è allora [...] una disciplina determinata (dedita al pensiero generale dell'essere, cioè della realtà [...]; ma insieme, [...] la filosofia teoretica è l'intero di cui tutte le altre discipline filosofiche sono parti [...].
[...] la filosofia teoretica [...] è in posizione gerarchica di predominio su tutte le discipline filosofiche; ma insieme è una disciplina particolare accanto alle altre discipline filosofiche [...]. È così che si articolò l'insegnamento filosofico nelle università italiane del nostro secolo (filosofia teoretica, filosofia morale, storia della filosofia, ecc., in un'ideale scala di subordine progressivo). Questo ordinamento è ancora nei nostri statuti universitari, mentre nelle università europee e americane è ormai pressocché assente. [...]
[Così] il filosofo teoretico [si trova] espropriato di tutti i territori che un tempo costituivano il suo *impero* [il corsivo è mio] [e] non sa più di che cosa la sua disciplina si dovrebbe in concreto occupare e per lo più non gli resta che meditare sulla *crisi* [il corsivo è mio] della sua ricerca [...].
La crisi della filosofia teoretica, cioè della filosofia [...] è dunque [...] crisi [che] concerne [...] la vita e il senso della vita di tutti. Nel suo esilio [...] il filosofo teoretico [...] abita in realtà la frontiera più avanzata delle contraddizioni, dei problemi e dei paradossi che caratterizzano le vicende dei nostri giorni [...]. Sperimentando [...] la radicale povertà [...] della sua disciplina, il filosofo teoretico ha [...] la possibilità di esporsi alle contraddizioni, alle domande e ai problemi del presente [...]. Egli è così [...] insieme, l'uomo più povero e più ricco. [...] egli è massimamente aperto alle sollecitazioni innumerevoli di un mondo che forse mai come ora è apparso [...] infinito, oscuro e misterioso, [...] aperto al compito di comprenderlo e alla appassionante sfida di riuscire a pensarlo.». C. SINI, *Filosofia teoretica*, Jaka Book, Milano 2018, 9. 10. 12-14. 17-20. 25-26. 28-31.

Poiché l'uomo può pensare qualsiasi cosa, la filosofia, non interessata a niente, è interessata a tutto[76]. Se ne ricava che la filosofia ha una portata complessiva, rispetto a quella settoriale delle scienze.

È questa la ragione per cui la filosofia è "disordinata", nel senso di non essere ordinata, di non essere finalizzata a un oggetto particolare, che il pensiero possa pensare. Non c'è alcuna "interdizione al volo" per la filosofia[77] che, dunque, può sorvolare ogni area dell'umano che pensa

---

[76] «Il problema centrale della filosofia è il *problema dell'essere*, cioè della realtà tutta di cui essa ricerca l'intima natura, le ultime cause. Ma la soluzione del problema dell'essere è condizionata dalla soluzione di un problema previo, cioè il *problema del conoscere*; l'uomo vuole conoscere le ultime cause di tutte le cose, ma è capace di arrivare a questa conoscenza? Se il problema del conoscere è previo al problema dell'essere, questo a sua volta è previo al terzo problema della filosofia, il *problema dell'agire*; dalla diversa soluzione del problema dell'essere, dipende un diverso modo di agire; sarà infatti diverso il comportamento dell'uomo che ha una concezione materialistica della realtà, da chi invece ha una concezione spiritualistica, ed ha compreso che la realtà non è solo materia […].
[…] A questi tre grandi problemi della filosofia [l'essere, il conoscere e l'agire] corrispondono le tre parti in cui essa si divide:

a) Al problema del conoscere la *Logica e Critica*, che indaga sulla capacità dell'uomo a conoscere […] *(Critica)* e le norme che deve seguire per raggiungerla *(Logica);*
b) Al problema dell'essere corrisponde la *Ontologia o Metafisica generale,* che studia i problemi generali della realtà, mentre i problemi particolari riguardanti le cose materiali sono studiati dalla *Cosmologia*, quelli riguardanti i viventi e in particolare l'uomo sono studiati dalla *Psicologia*, e quelli riguardanti la esistenza e la natura di Dio sono studiati dalla *Teologia naturale.*

Al problema dell'agire corrisponde la *Filosofia morale o Etica,* che in conformità con le conclusioni della filosofia dell'essere, dà le norme di agire nella vita individuale e familiare, sociale […], politica [ed economica]. P. DEZZA S.J., *Filosofia. Sintesi scolastica*, op. cit., 17-18.
Immanuel Kant (1724-1804), nelle sue opere, esaminerà le condizioni che rendono possibile: a) la conoscenza (sottoponendo a indagine rigorosa le facoltà conoscitive dell'uomo, in risposta alla domanda *Che cosa posso sapere?*); b) l'agire (incentrando la ricerca sulla scoperta di una legge morale inscritta nell'uomo, in risposta alla domanda *Come devo agire?*); c) l'esperienza estetica (analizzando la facoltà del sentimento e mettendo in luce come la bellezza risieda nel soggetto, in risposta alla domanda *In che modo posso cogliere la bellezza e la finalità delle cose?*).
A ciascuna di queste tre domande, corrispondono, rispettivamente: *Critica della ragion pura* (1787^2); *Critica della ragion pratica* (1788); *Critica del giudizio* (1790).

[77] «Giovanni Gentile [1875-1944] nel saggio *Difesa della filosofia*, spiegò che non dovrebbe essere una particolare materia di insegnamento […] perché, al pari della religione, ha la natura di investire tutta la personalità e compenetrare di sé tutta la cultura».
«[…] ogni domanda […] abbraccia sempre la totalità […]. […] il domandare metafisico deve essere posto in modo totale. […].

l'essere[78]; planarvi e risollevarsi in volo[79]. Non c'è regione dell'essere su cui la filosofia non possa vantare un legittimo diritto di proprietà: qualsiasi regione dell'essere e, a un tempo, tutto l'essere[80].

È innegabile, a questo punto, la superiorità della filosofia. Si tratta di una superiorità che è ancor più visibile allorché si consideri che le scienze, per esempio, giungono a grandi scoperte e conquiste, muovendo da presupposti (quali, a esempio, quello di causa ed effetto, che trova largo uso in fisica; di induzione, che è adoperato nella fisica e nella meccanica) che, utilizzati in ambito scientifico, hanno, però, la loro elaborazione prima, in sede filosofica.

[La] moltitudine di discipline tra loro così disparate oggi [...] è tenuta assieme soltanto dall'organizzazione [...] dell'università [...]. Ma il radicarsi delle scienze nel loro fondamento essenziale si è inaridito ed estinto.
Eppure in tutte le scienze, seguendo gli intenti propri a ciascuna, noi ci rapportiamo all'ente stesso». M. HEIDEGGER, *Introduzione alla metafisica*, op. cit., 36. 37.38.

[78] «[...] quello che la filosofia nella sua vera essenza può e deve essere è proprio questo: un pensiero che schiuda le vie e le prospettive di un sapere capace di fornire a ogni cosa la misura e il posto che le spetta, [...]; lo schiudersi di quel sapere che [essa stessa] suscita, sovrasta e determina ogni interrogativo». *Ivi,* 22.

[79] «[...] appare [così] la spontaneità della filosofia, che ripete la sua origine dalla sete insaziabile dell'uomo di conoscere ogni cosa che lo circonda e le sue cause [...]. L'uomo naturalmente desidera conoscere non solo il perché, ma [...] anche l'ultimo perché di ogni cosa, principalmente di se stesso». P. DEZZA S.J., *Filosofia. Sintesi scolastica*, op. cit., 11-13.
«Come l'allodola [...] annuncia il mattino, così la filosofia è il pensiero del principio». P. BARBIERI, *Perché è necessario lo studio della filosofia*, op. cit., 25.
«E così, senza nessuno stimolo da parte di una qualsiasi autorità, neppure di quella religiosa, ed essendo definito piuttosto come qualcosa di superfluo e come un lusso pericoloso o quanto meno sospetto, l'occuparsi di questa Scienza resta tanto più libero in vista unicamente dell'interesse della Cosa e della Verità». G. W. F. HEGEL, *Enciclopedia delle scienze filosofiche*, V. CICERO (trad. it.), Bompiani, Milano 1996, 83.

[80] «[...] l'ontologia [scienza dell'essere-in-quanto-essere] è una scienza ricca, complessa, che non può trovare compimento [...] perché l'essere non è un oggetto». A. BADIOU, *L'essere e l'evento*, P. CESARONI – M. FERRARI – G. MINOZZI (a cura di), Mimesis Edizioni, Milano – Udine 2018, 60-61.
«Non c'è campo o settore, al quale l'animo del filosofo non si possa e non si debba estendere, curioso e desideroso di ricerca. Sotto questo rispetto il campo della sua indagine è ampio non solo quanto quello delle singole scienze, ma addirittura quanto quello del sentire e dello stesso opinare; il corpo teoretico della filosofia si fa esteso quanto quello che comprenda qualunque conoscenza umana. *Nihil humani a me alienum puto*». M. GENTILE, *Trattato di filosofia*, op. cit., 227.

Le scienze, in altre parole, partono da determinati presupposti, si servono di particolari strumenti conoscitivi di cui, però, non dimostrano la validità, ricevendoli, fiduciosamente, dalla filosofia.

È proprio della filosofia, infatti, fondare gli strumenti conoscitivi, dei quali le scienze si servono, cogliendone, il fondamento, a livello logico, a livello di λόγος, "lógos", di intima ragione che è nelle cose, che la mente umana ha la possibilità di cogliere e di percorrere (gli atomi che compongono un tavolo, per esempio, stanno insieme per una serie di forze le quali hanno una propria logica che la mente umana è in grado di ricevere).

È nel λόγος la grande conquista della filosofia greca. Con questa conquista, il mito e il proprio tentativo di spiegazione della realtà, da parte delle società non greche, finiscono con il segnare il passo.

Tutto ciò contribuisce a fare della filosofia, la "scienza delle scienze" oppure, se si vuole, la "scienza prima"[81], il cui metodo, come per la matematica, è quello deduttivo: si parte dall'intuizione dell'unità della realtà, cercando di dimostrarne i fondamenti; si muove da premesse universali per giungere a conclusioni particolari.

È di tipo induttivo e descrittivo, invece, il metodo proprio delle scienze le quali partono da singoli casi particolari al fine di stabilire leggi universali.

Non tutti, inoltre, concordano sul fatto che la filosofia debba occuparsi dell'uomo immerso nell'essere. La questione dell'essere, per molti, è un inutile problema. Non esisterebbe, dunque, alcun ancoraggio tra filosofia e discorso sull'essere. Non è sull'essere che la filosofia si fonderebbe e la

---

[81] Si veda la nota 17 e la descrizione del rapporto tra la filosofia e le scienze, secondo M. Heidegger.

metafisica sarebbe nient'altro che un ostacolo alla conoscenza dell'uomo; un inganno. Occorrerebbe, quindi, un percorso antimetafisico[82], antifondazionalista[83]. Occorrerebbe, in definitiva, un procedimento abolizionista della metafisica; un pensiero dell'ultrametafisica che neghi una fondazione unica, prima e ultima e, per ciò stesso, normativa della filosofia, da parte della metafisica[84].

---

[82] «Le (pseudo) proposizioni della metafisica *non* servono alla *rappresentazione di dati di fatto* né esistenti (allora si tratterebbe di proposizioni vere), né inesistenti (allora si tratterebbe, per lo meno, di proposizioni false), ma servono solo alla *espressione* del sentimento della vita. Forse, non è errato supporre che il *mito* stia all'origine della metafisica. Il bambino è adirato contro il "tavolo malvagio" che gli ha fatto male nell'urto; il primitivo si preoccupa di rabbonire il minaccioso demone del terremoto o adora con gratitudine la divinità della pioggia fecondatrice. Ci troviamo, qui, di fronte a personificazioni di fenomeni naturali, le quali esprimono in modo quasi poetico il rapporto emotivo dell'uomo con l'ambiente. Il retaggio del mito è, da un lato, raccolto dalla poesia, che consapevolmente fa uso di tutti i mezzi atti a produrre e a esaltare quanto il mito svolge in funzione della vita; e, dall'altro, dalla teologia, in cui il mito si sviluppa in sistema. Qual è, allora, la parte che la metafisica sostiene nella storia? [...]
Qui, per le nostre considerazioni, c'è un solo punto essenziale, cioè che, come mezzo di espressione del sentimento della vita, l'arte è lo strumento adeguato, mentre la metafisica non lo è. In sé e per sé, naturalmente, non vi sarebbe nulla da obiettare contro l'uso di un qualsiasi mezzo di espressione. Ma in metafisica si dà il caso che la forma di espressione è ingannevole, in quanto crea l'illusione di un contenuto che essa non ha. Si tratta della forma di un sistema di proposizioni collegate fra loro da una (apparente) relazione di implicazione, ossia la forma di una teoria. E questo porta a credere che vi sia un contenuto teoretico, laddove, invece, come abbiamo visto, una cosa del genere non sussiste affatto. Non solo il lettore, ma anche lo stesso metafisico rimane vittima dell'illusione che le proposizioni metafisiche significhino qualcosa, descrivano situazioni di fatto. [...]
I metafisici non sono che dei musicisti senza capacità musicale». R. CARNAP, *Il superamento della metafisica mediante l'analisi logica del linguaggio*, in *Il Neoempirismo*, A. PASQUINELLI (a cura di), Utet, Torino 1978, 70.

[83] «A me sembra – dice Giovanni [Reale] di me [Dario Antiseri] – che tu sia un avversario non della metafisica, bensì del "metafisicismo", ossia di quella *assolutizzazione della ragione metafisica*, con tutte le conseguenze che essa comporta. [...]. La mia apertura alla trascendenza sta nel togliere la maschera di Dea a quella che si presenta come la Dea-Ragione, nel vedere che la "domanda metafisica" non è un *interrogatorio* quanto piuttosto *rogatio*, che l'uomo è un mendicante di senso, che il senso ultimo umanamente non costruibile può essere invocato, che il senso ultimo della vita e dell'intero universo è sempre religioso». D. ANTISERI, *Furto di filosofia,* op. cit.,77-78.

[84] «[...] attraverso l'esame delle tre posizioni fondamentali del positivismo, del criticismo e dell'idealismo risulta [...] [che] la metafisica, venendo considerata come un sapere superiore alle possibilità della conoscenza umana, risulta essere di fatto o un semplice movimento della fantasia che, a differenza delle creazioni artistiche, non ha il pregio della bellezza e quindi non ha insieme né bellezza né verità, o addirittura come una posizione o un atteggiamento

Al di là di ogni dibattito o polemica (da Πόλεμος, "Pólemos", il "demone della guerra", il "padre di tutte le cose"), la filosofia non cerca il sapere né i luoghi comuni; non offre risposte né soluzioni; ma, apre squarci; spacca e decostruisce il "sapere già saputo"; ciò che sembra essere incontrovertibilmente certo; il senso comune, con le sue sicurezze e garanzie; l'ordinario.

La filosofia apre buchi. Costringe a ciò che Heidegger chiama il "salto"[85].

L'uomo, in fondo, è "tenda bucata".

Essere consapevoli di questo, accettare tutto questo, serenamente, significa lasciar entrare tutto il vento, la pioggia, la polvere, ma anche le stelle della notte, affinché tutto sia sottoposto al tribunale della ragione[86]. La filosofia cerca il "vero del sapere", così come questo vero appare agli occhi del pensiero e così come gli occhi del pensiero sono capaci di coglierlo. Non è il "sapere"[87], ciò che la filosofia ricerca, ma l' "amata sapienza": φἴλοσοφία, appunto[88].

---

mentale, il quale trae la propria giustificazione da altri intenti e da altre preoccupazioni, per esempio da quella di assicurare una determinata disciplina fra gli uomini.
Dunque, il positivismo, il criticismo e l'idealismo sono tre diverse forme della negazione moderna del concetto di metafisica. La più impetuosa e quindi polemicamente più interessante è quella del positivismo; ma quella che meglio si presta all'approfondimento della negazione è il criticismo [...]». M. GENTILE, *Trattato di filosofia*, op. cit., 89.

85 «[...] tale peculiare domanda [Perché vi è, in generale, l'essente e non il nulla?] [...] si basa su un salto [...] mediante il quale l'uomo abbandona ogni anteriore sicurezza, vera o presunta, nei riguardi del proprio essere». M. HEIDEGGER, *Introduzione alla metafisica*, op. cit., 17.

86 «Quelli che respingono [...] [questo] metodo [...] non possono aver in animo, se non di disprezzare le catene della scienza e trasformare in giuoco il lavoro, in opinione la certezza e la filosofia in filodossia». I. KANT, *Critica della ragion pura. Prefazione alla seconda edizione*, op. cit., 27.

87 «L'impressione, vaga e oscillante, che in un certo senso la filosofia si identifichi col sapere senz'altro e che quindi il cultore della filosofia debba sapere tutto, trova chiarimento e giustificazione nel rapporto complesso, ma effettivo che la ragione e quindi il sapere scientifico ha con l'intelligenza. [...]
Nei passaggi più interessanti lo scienziato si fa molte volte, senza un vero intento, anzi spesso contro le intenzioni esplicite, filosofo, in quanto paragona la propria costruzione saldamente

Questo spiega perché, per molti secoli, la filosofia non è stata separata dagli altri saperi. Cartesio, Pascal, Galileo, Einstein li chiamiamo "scienziati" ma, sono, anche, "filosofi"[89]. Li chiamiamo filosofi ma sono, anche, matematici[90].

---

fondata sulla ipotesi iniziale con l'orizzonte più vasto delle altre scienze e del sapere in generale. Sono quei momenti di costituzione o di trasformazione delle singole discipline scientifiche in cui il cultore professionale degli studi filosofici dovrebbe poter fornire un aiuto specifico. Se non lo fornisce, ciò non dipende principalmente dal fatto che non si è interessato ai temi della scienza in questione, bensì dalla ragione, ben più profonda, che in lui è meno intenso lo stesso interesse della filosofia, ed è quindi meno filosofo dello scienziato impegnato a superare le difficoltà fondamentali della propria disciplina.
Chiunque si trovi ad assolvere questo compito, si chiami culture di filosofia o di scienza, egli attua la forma più genuina di sapere, cioè quella che non consiste nel costruire una prospettiva nella quale si possa catturare una cosa per adoperarla; bensì nell'intenderla così come essa è». M. GENTILE, *Trattato di filosofia*, op. cit., 227-228.

88 «Questo interesse per la sapienza [...], comprende anche una riflessione sulla genesi della ricerca del sapere dalla "meraviglia". Memore della genealogia proposta da Platone – "è veramente propria del filosofo questa situazione, il provar meraviglia, né altra che questa è l'origine della filosofia [...] – Aristotele ripropone, anche se con sviluppi interpretativi diversi, il tema della meraviglia come molla che scatena il desiderio di conoscere». G. CAMBIANO, *Sette ragioni per amare la filosofia*, op. cit., 118-119.
«Ma [di] quale sapienza [si tratta]? Non [di] quella del mito o della religione o di altre scienze, bensì quella in grado di comprendere il *Tutto* [o, se vogliamo, la "verità del tutto"]. [...].
La *Verità* intesa non come dio ma come sapere incontrovertibile, assolutamente innegabile. Questo sapere è ciò che Emanuele Severino chiama *epistéme*, il quale non va associato al tradizionale concetto di scienza quanto invece allo "*stare*" (*stéme*) che si impone "*su*" (*epì*) [...] in questo senso l'*epistéme* indica quel sapere non negabile che annulla ogni imprevedibilità. La filosofia, secondo il filosofo bresciano, nasce appunto dal bisogno di dare un senso compiuto e stabile alla propria esistenza. Un senso che sia in grado di superare quell'angoscia determinata dal divenire, dalla convinzione cioè che le cose e noi stessi oscilliamo tra l'essere e il nulla: usciamo dal nulla, brilliamo nella luce dell'essere e precipitiamo nel nulla». BARBIERI, *Perché è necessario*, op. cit. 19-20.

89 «[...] filosofia e scienza, originariamente [erano] indistinte fra loro, in quanto entrambe caratterizzate dal desiderio di trovare risposte a domande, cioè di *sapere* [il corsivo è mio]». G. CAMBIANO, *Sette ragioni per amare la filosofia*, op. cit., 22.

90 «[...] osservo i cieli e i pianeti: ma il loro movimento, il loro ordine, è dato dalle invisibili leggi fisiche. Come ci insegnano i matematici, da Pitagora in poi, tutta la natura visibile è regolata dai *numeri*, invisibili, incorporei, astratti, cioè colti con gli "occhi" della mente, fuori del tempo e dello spazio. I numeri e le leggi (invisibili, universali, permanenti, sempre identiche a se stesse), regolano realtà fisiche visibili, [...] cosicché la materia non fa altro che obbedire.
Ciò significa che, mentre vediamo materia [...] (questo o quell'oggetto, questa o quella galassia, questo o quel fiore), che cresce, invecchia e si dissolve, non vediamo ciò che fa sì che tutto questo accada!
Per questo motivo i grandi matematici sono sempre stati dei metafisici [...]». F. AGNOLI, *Dieci brevi lezioni di filosofia*, op. cit., 8.

Questo spiega perché non esista una definizione della filosofia[91]; perché non esista una definizione univoca e universalmente accettata.

Questo spiega perché non sia possibile porre confini, costruire muri, collocare fili spinati per delimitare uno spazio tanto grande quanto l'uomo; tanto grande quanto l'essere, ma tanto limitato quanto limitato è il pensiero dell'uomo sull'uomo stesso e sull'essere[92].

Tutto può essere catturato dal pensiero dell'uomo[93], anche i confini del suo stesso pensiero e, quindi, la consapevolezza dell'inarrivabile, dell'inesauribile, dell'incontenibile. Vastità e limite, così, si inseguono in un

---

[91] «Avversari e fautori sono concordi nel constatare che non è possibile dare una definizione della filosofia nel senso in cui è possibile al cultore di qualunque disciplina definire al principio della propria trattazione che cosa sia la disciplina da lui coltivata [...].
Questa difficoltà [...] dipende [...] dalla natura stessa del sapere che il filosofo vuole comunicare e ne fa parte integrante, in un intreccio che può suscitare, parimenti, l'ammirazione [...] ovvero il disprezzo e la diffidenza, nel caso che, mancando quella dimostrazione, sorga e si consolidi il sospetto che la filosofia non sia una forma di sapere, bensì un inganno, [...] un'innocua fantasia fuori della realtà, o [...] uno strumento di falsità [...].
[...] anche quando non si voglia attribuire alla filosofia la dignità di vero e proprio sapere, è [...] un dato di fatto [...] che, sia pure in forma indebita e rovinosa, hanno avuto un peso nello sviluppo della storia dell'umanità.
[...] il silenzio non è di fatto possibile, in quanto lo stesso discorso scientifico non si può attuare se non contiene il riferimento polemico a quello filosofico, e non si può affermare il valore assoluto ed esclusivo della scienza, se si omette di paragonarla alla filosofia, sia pure per ribadire che questa è una forma falsa e illusoria di sapere. Insomma se non ci fosse la filosofia, i suoi negatori dovrebbero inventarla, come bersaglio polemico [...]. M. GENTILE, *Trattato di filosofia*, op. cit., 9-11.

[92] «Il voler parlare più dettagliatamente della filosofia, a titolo informativo, per sapere che cosa essa sia, costituirebbe un'impresa infruttuosa». M. HEIDEGGER, *Introduzione alla metafisica*, op. cit., 19-20.

[93] «[...] la filosofia [...] mette in discussione ogni sapere. Pone domande, non si accontenta di una risposta, anzi proprio da questa avanza altri interrogativi, solleva dubbi. Sapere di non sapere, porre continue domande e avanzare nuovi dubbi». P. BARBIERI, *Perché è necessario lo studio della filosofia*, op. cit., 18.
«Tutte le scienze [infatti] sono governate da quel riferimento al mondo che le spinge a cercare l'ente [...] per farne l'oggetto di un'indagine [...]. Si attua così, nelle scienze, in conformità alla loro idea, un approssimarsi a ciò che vi è di essenziale in tutte le cose. [C'è sempre] questo riferimento eminente al mondo dell'ente [...]. [...] anche i comportamenti pre- ed extrascientifici dell'uomo si rapportano all'ente. [...]. In tale oggettività del domandare, del determinare e del fondare si attua una sottomissione all'ente stesso, delimitata in maniera particolare [nell'oggetto proprio di ogni scienza], affinché sia quest'ultimo a manifestarsi». M. HEIDEGGER, *Introduzione alla metafisica*, op. cit., 39.

gioco senza fine, fatto di chiarore e buio, di buchi neri e vulcani di luce. La filosofia guarda l'essere, il mondo, la vita dell'uomo e la sua storia, attraverso una porta che non è mai completamente aperta.

È questo pensiero, che il pensiero stesso si mette a corteggiare, chiedendo e ponendo domande, lasciandosi, a sua volta, corteggiare e interrogare[94], mentre, imprigionato dal limite, tende ad andare oltre la staccionata del limite stesso, nella consapevolezza di non poter scappare troppo lontano.

Il limite, infatti, lo raggiungerà e lo afferrerà, con la stessa freschezza di adolescenti che corrono, si inseguono, si raggiungono, si strattonano tra lotta e capriole sul prato dell'essere.

Il pensiero, così, rimarrà libero, sì, ma entro i confini del limite. Rimarrà libero ma impastato di limite e del desiderio del proprio oltre.

---

[94] «In quanto fede nella verità come corrispondenza, la metafisica [...] implica la negazione di ogni evento possibile, di ogni interpretazione che non sia [...] corrispondenza tra *intellectus* e *res*, e infine la cancellazione della storicità e della libertà. So bene che tutto questo sembra addebitare troppi errori alla metafisica, [...]. Se non puoi fare appello alla verità (legge naturale, diritti umani naturali ecc.), come fai a rivoltarti contro il tiranno? [...]. Per raggiungere il suo scopo, la verità [...] deve essere storicamente efficace. [...].
[Così] il nuovo realismo dominante [...] cerca di ridurre l'ontologia alla descrizione di ciò che c'è, [...]. [...] l'idea dell'essere come evento (*Ereignis*) proposta da Heidegger [...] è [...] l'alternativa (o una delle alternative) più ragionevoli [...] alla sottomissione [...] all'autorità, [...], di "ciò che c'è". [...], la contraddizione è il vero luogo in cui l'essere accade [...] e la verità si mette in opera. Il legame profondo tra la verità, l'evento dell'essere e il conflitto è costante nel pensiero dell'ultimo Heidegger, [...]. Facciamo in modo che la riflessione filosofica sulla contraddizione [...], ci aiuti [...] a ricordare la necessità ontologica del conflitto». G. VATTIMO, *Essere e dintorni*, op. cit., 35-37.

3. La filosofia come "rarefazione"

Il pensiero che corteggia e che domanda, lasciandosi, a sua volta, interrogare e corteggiare dal pensiero stesso (nel senso che esso ha la possibilità di chiedersi che cosa sia il pensiero; che cosa esso stesso possa pensare e conoscere) è, dunque, qualcosa che tende all'oltre se stesso. È il pensiero che sta più in alto delle cose. È il pensiero che osa volare dove volano le aquile[95].

Si coglie, qui, il carattere della filosofia come "rarefazione", dove il pensiero è soltanto pensiero; dove il pensiero è trasparente a se stesso[96]. Ciascun oggetto, che possa essere pensato, perde, per così dire, nei percorsi del pensiero, consistenza e densità, per se stesso, rispetto all'essere che,

---

95 «Filosofare significa interrogarsi su ciò che è fuori dell'ordinario. [...] Questo domandare non lo si rinviene [...] nell'ambito [...] dei bisogni impellenti da soddisfare. È lo stesso domandare che è al di fuori dell'ordine. Esso è interamente libero e volontario, [...] fondato su di una segreta base di libertà, su ciò che abbiamo denominato il salto. Lo stesso Nietzsche soggiunge: *La filosofia ... è la scelta di vivere fra i ghiacci e le alte cime* (XV,2) [il corsivo è mio]. Filosofare [...] è uno straordinario porre domande su quello che è fuori-dell'ordinario». M. HEIDEGGER, *Introduzione alla metafisica*, op. cit., 24.
«Virginia Woolf ha descritto [...] gli effetti che le argomentazioni filosofiche possono esercitare sulla vita di ciascuno:
quando un bel ragazzo arrischiava la domanda, [...], *Socrate la riprendeva, la rigirava, la guardava da questa e da quest'altra parte, in fretta la spogliava di ogni incoerenza e falsità e per gradi guidava tutti a contemplare con lui la verità. È un processo faticoso; concentrarsi* [...], *giudicare* [...], *seguire con attenzione* [...] *critica, l'opinione che si svuota e trasforma, mentre si rafforza e intensifica la verità.* [...] *l'indomita onestà, il coraggio, l'amore della verità* [...] spingono Socrate, e noi sulla sua scia, su verso la vetta dove, se ci arriviamo anche noi per un solo istante, godremo della più grande felicità che si possa provare». G. CAMBIANO, *Sette ragioni per amare la filosofia*, op. cit., 92-93.
96 «Chi fa filosofia deve per forza mettere in un angolo il suo io, il suo mondo, il suo vissuto e osservare e analizzare il mondo al di là della sua volontà e dei suoi sentimenti». P. BARBIERI, *Perché è necessario lo studio della filosofia*, op. cit., 29.

invece, si espande, divenendo totalità. Resta, soltanto, il pensiero che pensa l'essere[97].

Il pensiero sulle cose, il pensiero delle cose non può appartenere ad altro se non al "pensiero dell'essere". Penso un oggetto ma non faccio altro che pensare l'essere, anche quando non ne ho consapevolezza.

È, sempre, l'essere, soltanto l'essere ciò che sta dinanzi agli occhi della mente, anche se il fenomeno è ciò che, primo, appare alla vista, ai sensi.

Vedo e penso oggetti ma intuisco l'essere[98]; l'essere che è oltre, dietro, sotto, dentro, al di là delle cose; l'essere, che è presente ma che, dannatamente, sfugge a ogni presa[99]; l'essere per il quale tutte le cose sono

---

[97] Ritengo che la filosofia come "rarefazione" possa essere intesa attraverso le parole di Giuseppe Cambiano: «Lo sguardo dei filosofi attraversa l'opacità del mondo, ne cancella lo spessore carnoso, riduce la varietà dell'esistente a [...] concetti generali». G. CAMBIANO, *Sette ragioni per amare la filosofia*, op. cit., 70.
Ecco, dunque, che se dovessi dare una definizione di "filosofia come rarefazione", direi, esattamente, così: "la filosofia è tutta in questo sguardo che attraversa l'opacità del mondo per giungere a concetti generali e universali".

[98] «[...] tutto ciò che è compreso a qualsiasi titolo nell'esperienza può essere indicato per mezzo del termine *essere* [il corsivo è mio], purché però questo venga assunto nel significato che ne dava Aristotele, non in quello che ne davano Parmenide e Platone.
Per Parmenide [515/510 – 544/541 a.C], infatti, l'essere non è l'esperienza, anzi è proprio il contrario di essa, perché è ciò che *non può non essere* [il corsivo è mio], ossia l'immutabile, l'invariante, l'eterno, l'assoluto, mentre l'esperienza è il mutevole, il variopinto il transeunte, e perciò l'apparente, ciò che non è veramente, [...]. Anche per Platone [428/427 – 348/347 a.C.] l'essere non è l'esperienza, cioè il mondo visibile, mutevole [...] collocato a metà strada tra l'essere e il nulla, ma il mondo delle idee, cioè delle realtà invisibili, immutabili, universali, eterne. Per Aristotele [384/383 – 322 a.C.], invece, l'essere è tutto ciò di cui si può dire che *è* [il corsivo è mio] [...].
L'esperienza, dunque, è essere a pieno titolo. Anzi, per Aristotele, tematizzare l'esperienza nella sua totalità [...] equivale a tematizzare l'essere, ossia tutto ciò che è, *in quanto essere* [il corsivo è mio], cioè, come spiega egli stesso in un celebre passo della *Metafisica*, non in *qualche sua parte* [il corsivo è mio] (*meros autoù ti)*, come è proprio delle scienze particolari, bensì nella sua interezza (*kathòlou*) (IV 1, 1003a 21-26).
[...] Essere significa anche questo, ma non solo questo: [...] tutto ciò di cui si può dire che *è*, o che *era*, o che *sarà* [il corsivo è mio] [...]». E. BERTI, *Metafisica*, in *La filosofia*, P. ROSSI (a cura di) vol. III, Utet, Torino 1995, 49-50.

[99] Cfr. V. MATHIEU, *Trattato di ontologia. Essere e spazio*, Mimesis Edizioni, Sesto San Giovanni (Mi) 2019.

ciò che sono: uguali, perché cose; distinte, perché ciascuna cosa è se stessa e non un'altra[100].

Gli oggetti, tutti gli oggetti, catturati nella rete del pensiero, lasciano spazio all'essere.

La filosofia è pensiero d'essere, nella rarefazione degli oggetti.

Gli oggetti traducono l'essere, senza esaurirlo; lo contengono senza imprigionarlo; lo esprimono, senza poterlo racchiudere così come, invece, si pretenderebbe di racchiudere, in un fermoimmagine, un gesto, un'azione, una carezza, un bacio.

L'essere è, comunque, oltre ogni oggetto, che pure lo afferra e lo contiene.

L'essere è nella possibilità che il pensiero ha, in qualche modo, di poterlo catturare[101].

Non si intende dire che l'essere sia pura possibilità, che possa esserci o non esserci. L'essere, incontrovertibilmente, è[102].

---

[100] «[...] ciò a cui viene attribuito l'essere, si può dire che esso è l'*ente* [il corsivo è mio]. [...] Ciascun aspetto, o ciascuna *parte* [il corsivo è mio], dell'esperienza, è qualcosa che è, cioè un ente, perciò tematizzare l'ente in quanto ente, cioè senza ulteriori qualificazioni, significa tematizzare qualsiasi ente [...]. [...]. Con l'espressione *ente in quanto ente* [il corsivo è mio], dunque non si allude soltanto a ciò che tutti gli enti hanno in comune, ma a tutti i loro aspetti, sia quelli che essi hanno in comune sia quelli in virtù dei quali essi si distinguono l'uno dall'altro. [...].
L'ente in quanto ente [...] include ciò che Aristotele chiama la natura, ovvero l'esperienza, ma tuttavia non coincide necessariamente con questa [...], non per questo [...] la natura [è] l'unica realtà esistente, cioè che l'esperienza sia tutto l'essere.
Anzi, Aristotele nella *Metafisica* afferma che *la natura è solo un genere dell'ente* [il corsivo è mio] (IV 3, 1005a 34) [...].
Naturalmente che l'esperienza non sia tutto l'essere è da dimostrarsi, ma intanto si deve prendere atto che la nozione di ente [...] esperibile [...] non coincide di per sé con la nozione di ente in quanto ente, perché nulla vieta di pensare [...] che vi possa essere un ente il quale non sia oggetto di esperienza, ponendo con ciò stesso il problema se l'esperienza sia o no la totalità dell'essere [...]». E. BERTI, *Metafisica*, op. cit., 50-51.
[101] Cfr. C. NOICA, *Trattato di ontologia*, S. DAINI (a cura di), Edizioni Ets, Pisa 2007.
[102] «Qualcuno [...] ha sostenuto la necessità di semantizzare, cioè di determinare il significato della nozione di essere, o di ente, mediante la sua opposizione a quella di non-essere, o di non-ente, o di nulla (Severino, 1981). L'essere, secondo questa tesi sarebbe l'opposto del

Se di possibilità si parla, lo si può fare soltanto in relazione al pensiero che, per sua natura, è abilitato a intuire l'essere, credendo, talvolta, di poterlo catturare.

Ciò che, in realtà, il pensiero può fare è cogliere l'essere, nel senso che può intuirlo. L'essere, in altre parole, può essere catturato, sì, ma soltanto dal punto di vista logico, secondo i modi che sono quelli propri del pensiero, poiché dal punto di vista ontologico, la vastità dell'essere è tale da non poter essere catturata ma, soltanto, intuita e interrogata. È proprio questa vastità dell'essere a impedirne ogni definizione, ogni tentativo di circoscrivere l'essere stesso. L'essere comprende tutto e, per questa ragione, non può essere definito.

Ogni oggetto pensato, rarefatto, nel pensiero, avendo perso consistenza e densità, lascia spazio alla totalità del pensiero; al pensiero puro e semplice in relazione all'essere[103].

Questo pensiero, poi, dovendo pensare, necessariamente, qualcosa, pensa quegli stessi oggetti che hanno perso consistenza, che si sono rarefatti: Dio, il diritto, la conoscenza e ogni altra cosa. Li pensa come "essere".

---

niente, cioè il *non-niente* [il corsivo è mio]. Ebbene, questa tesi è del tutto estranea alla metafisica classica, per la quale non l'essere si semantizza in relazione al non-essere, ma il non-essere si semantizza in relazione all'essere [...] come negazione degli altrettanti significati dell'essere [....]
Del resto, quale senso ha affermare che l'essere è ciò che si oppone al nulla? Che cosa significa *opporsi al nulla* [il corsivo è mio]? O significa non opporsi a nulla, cioè non opporsi affatto, è allora l'indicazione è del tutto vuota di significato; oppure significa opporsi a qualcosa, e allora il nulla viene, contraddittoriamente, reso positivo, e considerato essenziale all'essere. Questo modo di pensare è stato effettivamente seguito da Heidegger [in] *Che cos'è la metafisica?*». E. BERTI, *Metafisica*, op. cit., 50-51.

103 «[...] ciò vuol dire che non si oltrepassa il mondo se non entrandoci e che, con un solo movimento, lo spirito si serve del mondo, del tempo, della parola, della storia e li anima con un senso che non si consuma. La funzione della filosofia sarebbe quella di registrare questo passaggio del senso, piuttosto che assumerlo come un fatto compiuto». M. MERLEAU-PONTY, *Elogio della filosofia*, op. cit.,16.

Nascono la filosofia teologica; la filosofia del diritto, la filosofia della conoscenza e ogni altra filosofia.

Se gli oggetti, perdendo densità e consistenza, dal canto loro, lasciano spazio al pensiero (che è, inevitabilmente, pensiero sulle cose) e alla sua nudità; il pensiero, dal canto suo, "costituisce" gli oggetti, non in quanto tali, ma in quanto pensabili, perché esistenti[104].

Il mio gattino, sul davanzale della finestra; un libro antico, nella mia libreria; il mio vicino di casa, non sono costituiti dal pensiero. Essi, semplicemente, sono; esistono. Sono, in quanto esistenti, anche, pensabili e, per ciò stesso, sono oggetto del pensiero filosofico. Anche ciò che è soltanto pensabile, quando, pure, non se ne abbia la certezza, sul piano degli esistenti, sul piano dell'esperienza, per il fatto stesso di essere pensabile, è oggetto filosofico, "ente logico"[105].

È così, per quel particolarissimo "oggetto filosofico" che chiamiamo Dio. Affermato da alcuni filosofi, in nome della ragione; negato da altri, in nome della stessa ragione, Dio, in quanto pensabile, per essere affermato o per essere negato, è oggetto filosofico. Infinito e inattingibile, per colui che crede, Dio è "catturato", nelle maglie del pensiero, da parte del filosofo, al pari di ogni altro oggetto filosofico, sul quale, il pensiero stesso plana, alla ricerca del vero, libero da chiese e da dogmi[106].

---

[104] «[...] le idee sono la cosa più reale che esista al mondo. E non ci vuole molto a comprendere che, tra queste "cose più reali", le più importanti storicamente, socialmente e personalmente sono proprio idee filosofiche: idee reali, importanti e non di rado disumane». D. ANTISERI, *Furto di filosofia,* op. cit., 9.

[105] «Ci sono molte [...] divisioni [dell'ente], che solo in parte sono riducibili a quelle di Aristotele. Così [per esempio] abbiamo la divisione in ente *astratto* (che corrisponde all'ente logico) e *concreto* (che corrisponde a quello reale)». B. MONDIN, *Manuale di filosofia sistematica*, vol. 3, *Ontologia e metafisica*, op. cit., 138.

[106] «[...] venuti meno gli dèi, i dogmi indiscutibili, le verità superiori su cui basare ogni pensiero e azione [...] come ogni agire sociale, l'uomo ha la capacità di ragionare con la

La filosofia, ogni filosofia, d'altro canto, non cerca che questo: il vero.

Ogni filosofia (teologica, del diritto, della conoscenza e qualsivoglia altra filosofia) non cerca se non il vero, cioè il fondamento, dell'oggetto al quale sta pensando; al quale sta ponendo domande; dal quale si sta lasciando interrogare.

Ogni filosofia specifica cerca il vero che le è proprio. È per questa ragione che si mette a cercare ciò che esiste al fondo di ogni oggetto, che l'uomo possa pensare. Si mette a cercare ciò che si trova dietro a ogni pensabile oggetto.

La filosofia ha cercato, anche quando è giunta a dire che l'oggetto, come cosa in sé, è pensabile ma non conoscibile[107]. La filosofia, insomma, va, in picchiata, alla ricerca dell'incontestabile fondamento delle cose, per capirle, guardandole nude[108]. La filosofia cerca e crea nudità.

Il pensiero che si mette a cercare tutto questo rivela lo scopo della filosofia; rivela lo scopo di ogni filosofia: il "vero". Nient'altro che questo è il fine della filosofia.

---

propria testa e farsi carico delle proprie decisioni». P. ERCOLANI, *Figli di un io minore*, op. cit., 18.

[107] «[...] noi dobbiamo poter pensare gli oggetti stessi anche come cose in sé, sebbene non possiamo conoscerli. Giacché altrimenti ne seguirebbe l'assurdo che ci sarebbe un'apparenza senza qualche cosa che in essa appaia», I. KANT, *Critica della ragion pura*, op. cit., 22.

[108] «Chiunque, scienziato o filosofo, si impegni nell'intendere ciò che è, fa in pari tempo esperienza del modo con cui quest'intendere è possibile, cioè acquista consapevolezza della differenza che passa tra il sapere e quella forma di conoscenza che non è sapere. La differenza principale è costituita dalla maggiore latitudine che ha il sapere, in quanto consente di cogliere la realtà attraverso le diversità in cui appare, e quindi dalla maggiore capacità che esso ha di valere anche in circostanze diverse da quelle che si offrono immediatamente. È un'esperienza che, comune allo scienziato e al filosofo, li allontana dalle certezze immediate di quelli che non sanno. Il sapere si manifesta, quindi, con una disorientante pluralità di valenze, che lo scienziato si sforza di ricondurre all'unità salda e adoperabile dell'ipotesi da lui adottata, e che invece il filosofo deve mantenere intatta nella sua inesauribile ricchezza problermatica». M. GENTILE, *Trattato di filosofia*, op. cit., 228.

La filosofia cerca il vero, anche quando intende negarlo e demolirlo; anche quando intende dire che non esiste; anche quando intende dire che non è vero; anche quando il vero, semplicemente, è inattingibile e inarrivabile.

Cerca il "vero" o la "verità"? Cerca "la" verità oppure "le" verità[109]?

La verità non è alla portata della filosofia[110]. La filosofia non ha i mezzi per raggiungerla, né per farla propria né per poterla esprimere, ma, soltanto, per desiderarla e per cercarla.

Sono propri della filosofia non i dogmi (che la filosofia stessa, legittimamente, può mettere in discussione) ma i presupposti razionali di ciò che potrebbe essere dogma e, dunque, del problema di Dio[111].

La filosofia, rispetto alla verità, è come un bambino troppo piccolo, in relazione a un oggetto posto troppo in alto e inarrivabile; posto troppo al di là; un oggetto inesauribile.

[109] «[...] designando tra le sue [...] condizioni, [...], l'ontologia [...] qui, propriamente, [la filosofia trova] ciò che la libera e la consacra [...] alla cura delle verità». A. BADIOU, *L'essere e l'evento*, op. cit., 56.

[110] «Lavelle [Louis Lavelle, 1883-1951, filosofo dello spiritualismo francese] considerava oggetto della filosofia "quel tutto dell'essere nel quale il nostro [...] essere si inscrive [...]", un essere totale [...] che, tuttavia, non sarebbe quello che è senza di noi, poiché ha bisogno di aumentare se stesso col nostro proprio essere [...].
[...] ciò che il filosofo pone non è mai assolutamente l'assoluto o l'assoluto in sé, ma è l'assoluto in rapporto a lui [...].
"Non c'è altra filosofia" dice Lavelle "che quella di oggi, quella che ora io posso pensare e vivere». M. MERLEAU-PONTY, *Elogio della filosofia*, op. cit., 12-13.16.
Questo "assoluto in rapporto a lui, al filosofo" è ciò che, qui, chiamiamo "vero filosofico".

[111] Cfr. G. AGAMBEN, *Che cos'è la filosofia?*, Quodlibet, Macerata 2016.

La verità, invece, è compito della teologia (di ogni teologia) che ritiene di averla raggiunta o, addirittura, ricevuta. È questo il caso della teologia ebraico-cristiana, per la quale è Dio che si rivela all'uomo[112], chinandosi su di lui[113].

[112] «Per Lavelle [...] non ho [...] una vera conoscenza di Dio attraverso me stesso [attraverso la ricerca che ne fa il mio pensiero]. È [...] per mezzo della fede [...] che il filosofo pone Dio e, per questa stessa ragione, egli non può mai pensare dal punto di vista di Dio. Vi è dunque una verità del mondo e del pensiero dal punto di vista del mondo». M. MERLEAU-PONTY, *Elogio della filosofia*, op. cit, 14-15.
Ora, questa verità, del mondo e del pensiero, dal punto di vista del mondo, è, di fatto, il punto di vista proprio della filosofia. La verità, del mondo e del pensiero, dal punto di vista di Dio, è, di fatto, il punto di vista proprio della teologia.
[113] «Per chi, ad esempio, considera la Bibbia come fonte di rivelazione e di verità divina, la risposta si trova già pronta ancor prima dello stesso porsi della domanda "Perché vi è, in generale, l'essente e non il nulla?". La risposta è la seguente: l'ente, in quanto non è Dio stesso, è creato da lui. Dio stesso *è* [il corsivo è mio] [...] creatore increato. [...].
"All'inizio Dio creò il cielo e la terra ecc." [...] [c]he questa frase della Bibbia sia vera o no per la fede, essa non può costituire per nulla una risposta alla nostra domanda ["Perché vi è, in generale, l'essente e non il nulla?"], non avendo alcun rapporto con questa. E se non ha alcun rapporto con essa è perché non può averne affatto. Quanto viene propriamente richiesto nella nostra domanda è, per la fede, una follia.
È in tale follia che consiste la filosofia. Quanto a una "filosofia cristiana" essa non è che una specie di "ferro ligneo" e un malinteso. Esiste senza dubbio una elaborazione problematica riflessa dell'esperienza cristiana del mondo, vale a dire della fede. Ma questa è teologia. [...].
[...] per la fede genuinamente cristiana la filosofia è una follia. Filosofare significa chiedere: "Perché vi è, in generale, l'essente e non il nulla?". Il porre effettivamente una simile domanda significa avere l'ardire di interrogare fino in fondo, di esaurire l'inesauribile mediante la rivelazione di quanto in essa richiesto. Laddove qualcosa di simile avviene c'è filosofia». M. HEIDEGGER, *Introduzione alla metafisica*, op. cit., 18.19.

4. Il "vero filosofico"

Parliamo di vero e pensiamo, immediatamente, al vero come esatto; al vero come razionale. È il "vero della matematica e della scienza"[114]. Diciamo "vero" e pensiamo, subito, alla coerenza tra causa ed effetto. È il "vero della storia". Discutiamo di vero e lo identifichiamo, senza mezzi termini, con la realtà. È il "vero oggettuale".

Il vero, insomma, ci viene alla mente come qualcosa di dato, di incontestabile, di dannatamente immobile, che ci sta dinanzi[115], senza

[114] Dario Antiseri (1940) coglie la questione della verità filosofica come razionalità delle teorie filosofiche in rapporto alla razionalità delle teorie scientifiche.
«Sono [...] razionali soltanto le teorie scientifiche o c'è anche una razionalità filosofica? e se è possibile parlare di una razionalità delle teorie filosofiche, in che cosa consisterà mai questa razionalità? È possibile, insomma, l'individuazione di una procedura di controllo e, conseguentemente, di un criterio di selezione della teoria filosofica al tempo meglio consolidata tra quelle proposte e disponibili?». D. ANTISERI, *Furto di filosofia,* op. cit.,11.
«Contro la filosofia si sono schierati [...] i paladini della scienza e della tecnica». BARBIERI, *Perché è necessario*, op. cit., 26.
«[In particolare] la tecnica e il mercato [...] trovano nelle nuove tecnologie digitali uno strumento potentissimo attraverso il quale un potere che si declina in termini tecno-finanziari ha potuto imporre il proprio dominio incontrastato. I dogmi affermati da tali divinità sembrano puntare a due scopi convergenti: [...] l'eliminazione del pensiero critico e della conoscenza autonoma, così da ridurre le persone a "cellule di risposta funzionale" [alla] "moderna superorganizzazione", per riprendere le espressioni utilizzate da Max Horkheimer nel 1947.
Dall'altra la distruzione della sfera politica e democratica, in seguito alla quale le società e l'intero consorzio umano si trovano subordinati a una sorta di indiscutibile teologia finanziaria che non si fa [...] scrupolo nel ridurre l'essere umano al rango di strumento, da utilizzare in vista del progresso di un sistema che non vede più l'uomo al centro, bensì il profitto monetario indefinito e a ogni costo». P. ERCOLANI, *Figli di un io minore*, op. cit., 19-20.
«[...] filosofia e scienze non sono alternative, entrambe sono mosse dall'amore del sapere, entrambe nascono dall'esigenza di porre domande e tentare risposte». G. CAMBIANO, *Sette ragioni per amare la filosofia*, op. cit., 147.
[115] «Il rapporto del filosofo con l'essere non è il rapporto frontale che ha lo spettatore con lo spettacolo, è una sorta ci complicità». M. MERLEAU-PONTY, *Elogio della filosofia*, op. cit., 22.

dialettica, perché senza dubbio. Si tratta di qualcosa di esterno al soggetto che avvia l'indagine.

È vero che due più due fa quattro. È vero, pure, che l'imperatore di Oriente, Valente, per non aver atteso i rinforzi dell'imperatore di occidente, Graziano, volle affrontare da solo, in guerra, i Goti, e fu causa del disastro di Adrianapoli (378 d.C.). È vero che una malattia diagnosticata, purtroppo, c'è ed è reale.

Il vero che la filosofia cerca, però, non è il vero della matematica né il vero della storia né quello dell'oggettuale. È, invece, il "vero filosofico"; il supplemento d'anima al vero oggettuale[116].

Che cosa è questo "vero filosofico"?

È l'unità tra la realtà (di cui fa parte l'uomo) e il suo senso, che la filosofia, sempre, si ostina a ricercare[117]. È la ricerca della possibilità di un nesso[118], sullo sfondo di una tendenziale universalità, dettata dalla ragione umana.

---

[116] «All'inizio del nostro secolo, Bergson ha richiamato le nostre culture empiriste a un 'supplemento d'anima'; così come Husserl [...]. [...] Heidegger mette ugualmente in guardia contro gli eccessi delle scienze e delle tecniche. Queste preoccupazioni furono anche quelle dell'esistenzialismo, che si irradiò intorno agli anni 50 e che certamente influenzò Heidegger, senza costituire per questo la volta portante della sua opera. Si può pensare che la problematica della differenza ontologica rinvia ad una riflessione che cerca di liberare l'esistenza dalla influenza della scienza sugli essenti». P. GILBERT, *La pazienza d'essere. Metafisica. L'analogia e i trascendentali*, Pontificio Istituto Biblico, Roma 2015, 10-11.

[117] «Compito, quindi, della filosofia non è quello di trasformare e cambiare il mondo, come invece sosterrà K. Marx [1818-1883] [...], ma di interpretarlo. [...]
I detrattori [...] ribattono affermando che è inutile perdere tempo in riflessioni e discussioni sul senso del mondo». P. BARBIERI, *Perché è necessario lo studio della filosofia*, op. cit., 23.37.

[118] «[...] richiesta di senso significa bisogno di dare un [significato, un perché] alla nostra vita, alle nostre azioni e a quelle di coloro verso i quali dirigiamo le nostre azioni, alla società in cui viviamo, al passato alla storia, all'universo intero.
[...] Davanti a ogni più piccolo problema ci poniamo sempre due perché: un perché causale e un perché finale. Ovvero: 1) quali sono le cause per cui accade quello che accade? 2) perché è accaduto proprio quello che è accaduto? E non altro? O meglio: in quale disegno generale dell'universo si inserisce l'accadimento [...]? [...] nell'un caso si tratta di spiegare un fatto,

Quando la realtà disperde il suo senso, sotto il peso del vivere e della storia - cioè, continuamente- e la filosofia si mette a cercarlo -non sempre trovandolo-, ebbene, quel senso che cerca, quella ostinazione, con cui lo cerca, perché sia raccordato con la realtà, è il vero filosofico[119].

Il vero filosofico è nella realtà, che si offre all'uomo, affinché questa possa essere compresa. È dentro ciò che si consegna al pensiero, affinché questo possa essere, se non proprio spiegato, almeno investigato[120].

La pensabilità degli oggetti e degli eventi è causa del loro stesso vero filosofico. Anche ciò che non può essere spiegato, ma, soltanto, indagato, appartiene al vero filosofico. Anche ciò che può essere, semplicemente, ipotizzato, appartiene allo stesso vero filosofico.

Perché sono nato, perché sono nato io, piuttosto che un altro, è un fatto che non si può spiegare, ma che, pure, si offre alla comprensione, sollevando la domanda, ed è, per ciò stesso, vero filosofico. Quale sia il senso del vivere, con il suo carico di dolore, non è spiegabile; ma, il vivere e il suo dolore sono dinanzi al pensiero dell'uomo, il quale, pur non potendo spiegare, almeno, si interroga. Questo interrogarsi è già navigazione verso il vero filosofico.

E che dire, poi, dell'innamoramento? Perché ci si innamora di una persona, piuttosto che di un'altra? Perché l'innamoramento porta con sé slanci vitali e passioni a perdifiato?

---

nel secondo di giustificarlo. Il sapere scientifico quando riesce, dà una risposta al primo perché. Non al secondo». N. BOBBIO, *La filosofia e il bisogno di senso*, op. cit., 7.25.

[119] «Il filosofo ha il dovere di ricordare ai suoi contemporanei cosa essi omettono distruggendo se stessi». P. GILBERT, *La pazienza d'essere. Metafisica. L'analogia e i trascendentali*, 5.

[120] «Non ci si può attendere da un filosofo che vada al di là di ciò che egli stesso vede, né che fornisca precetti dei quali non è sicuro». M. MERLEAU-PONTY, *Elogio della filosofia*, op. cit., 38.

Così, è, pure, per il morire. Si nasce e si cammina verso la morte, ma non si capisce perché, non se ne capisce il senso, al punto tale che il vivere, dovendo finire nella morte, così come il sole distende i suoi raggi nel mare, al momento del tramonto, fino a scomparire, sembra perdere il suo significato[121] e il venire al mondo è tutt'altro che vantaggioso.

Non c'è un vero oggettuale. Non c'è un vero matematico in tanti aspetti del vivere, ma c'è il vero di quegli stessi aspetti e della domanda che essi portano con sé[122]. Che dire, per esempio, della passione, della paura, della scoperta, della speranza?

Non c'è la verità, in filosofia. Non per questo, però, la filosofia è vana e inutile. Non per questo la filosofia ha il valore di una borghese perdita di tempo. Esiste, infatti, il vero filosofico.

Il vero che la filosofia cerca è l'unità tra la realtà e il suo senso. La possibilità di questo nesso è il vero filosofico.

---

[121] «[...] la coscienza ha davanti agli occhi la morte che cerca di evitare con ogni mezzo. [...] [ha innanzi agli occhi] l'angoscia che nasce davanti alle minacce e la costringe a comprenderne il genere per potervi resistere. Essa cerca il piacere [...]. Nell'attesa del futuro essa pensa possibilità lontane [...]. L'illimitata volontà di vita e gli istinti di potenza dell'esserci raggiungono la loro soddisfazione nel superamento dell'altro e nel godimento del proprio valore riflesso nel mondo circostante [...] eppure, con tutto ciò, [la coscienza] non si soddisfa che per un istante [...]. Senza accontentarsi di nulla, l'esserci della coscienza non raggiunge scopo alcuno, ma termina con la propria morte». K. JASPERS, *Metafisica*, op. cit., 25.

[122] «Leggendo testi di filosofi è facile constatare che essi sostengono frequentemente tesi non solo diverse, ma anche contrarie a quelle di altri. Una volta Cicerone disse che non c'è cosa tanto assurda che non si trovi detta da qualche filosofo. È questo forse il più bell'elogio che sia stato fatto della filosofia. I filosofi non solo non arretrano di fronte alle dottrine di altri filosofi, ma neppure di fronte a comuni modi di pensare. Il termine latino *absurdus* ha una matrice musicale, indica ciò che è fuori tono, stonato. Il suo equivalente nel greco antico è *atopo*, che indica ciò che non ha luogo. L'assurdo di cui parla Cicerone è ciò che non trova collocazione nei comuni modi di pensare. Questo termine è espresso anche da un altro termine, *paradossale* [il corsivo, qui, è mio], che ha anch'esso origine nel greco antico, dove indica ciò che va contro le opinioni (*dòxai*) correnti di tutti o della maggior parte. Questo non vuol dire che sempre e su ogni argomento i filosofi si oppongano a quello che è chiamato senso comune, ma quando lo accettano cercano per lo più di motivare perché lo accettano». G. CAMBIANO, *Sette ragioni per amare la filosofia*, op. cit., 98-99.

Non è la verità[123]. Non è la verità assoluta. La filosofia, sorprendentemente, non insegna la verità; al più, può farle strada. Anche questo, però, è improprio. Colui che cercasse la verità, nella filosofia, ne rimarrebbe deluso. La verità è fuori dalla portata della filosofia[124]; il vero filosofico, invece, no, per il fatto stesso che sia vera la domanda.

Proprio questo vero filosofico, come continua ricerca dell'unità, tra la realtà e il suo senso (unità che si concede e che si nasconde, istigando alla ricerca), dice che la filosofia manca a se stessa. Non ha "verità" da offrire. Ha un "vero" da ricercare[125]. Porta con sé un'ostinazione con cui viene a duello, in uno sfrenato corpo a corpo. Poiché questo vero filosofico va ricercato sempre, in quanto sempre sfugge di mano, la filosofia manca, a

---

123 «Questo tema della verità attraversa del resto Heidegger (che per primo lo sottrae al sapere), i matematici (che rompono alla fine con l'oggetto come con l'adeguazione) e le teorie moderne del soggetto (che spostano il centro della verità dal suo pronunciamento soggettivo). A. BADIOU, *L'essere e l'evento*, op. cit., 55.

124 «Ma se tutti i filosofi avanzano la pretesa che le loro tesi siano vere e, al tempo stesso, dissentono tra loro, dove sta la verità? [...]
Non è da escludere però che su qualche problema filosofico sia stata raggiunta qualche risposta comunemente condivisa. [...].
[...] la nozione di verità [...] costituisce [...] una questione cruciale ampiamente dibattuta dai filosofi [...]. Se si lega la filosofia alla pretesa di essere in possesso di una verità totale e assoluta, allora si arriva alla condanna irrevocabile di ogni filosofia che non si conformi ad essa. È la pretesa alla quale non sempre riescono a sottrarsi gli stessi filosofi [...].
Da antidoto rispetto a simili deliri di grandezza possono valere le parole che il fisico tedesco Lichtenberg [Georg Christoph, 1742-1799] pronunciava a proposito della celebre affermazione nell'*Amleto* di Shakespeare che ci sono più cose in cielo e in terra che nella tua filosofia. Lichtenberg aggiungeva in maniera dissacrante. "Ma vi sono anche parecchie cose nella filosofia che non stanno né in cielo né in terra». G. CAMBIANO, *Sette ragioni per amare la filosofia*, op. cit.,
117. 118. 120-121.

125 «Non bisogna aspettarsi dalla filosofia ciò che si aspetta dalla scienza, cioè risposte, anche se parziali. Il compito della filosofia è porre delle domande, non lasciare l'uomo senza domande, e fare intendere che al di là delle risposte della scienza c'è sempre una domanda ulteriore; non appagarsi mai della risposta, per quanto ardita e geniale, dello scienziato; rendersi conto che [...] c'è sempre una zona d'ombra, che non sembra diventare più piccola per il solo fatto che la nostra esplorazione del cosmo si è perfezionata. [...]
La filosofia non può dare risposte definitive [...] perché il suo orizzonte è la totalità». N. BOBBIO, *La filosofia e il bisogno di senso*, op. cit., 31-32.

ogni ora, di qualcosa. Manca, proprio, della permanente unità, tra realtà e senso della realtà, di cui abbiamo detto.

La filosofia, inoltre, manca di conclusioni. Questa mancanza, la mette in moto[126], la pone in un costante stato di ricerca, in forza del quale la filosofia è tensione tra il vero che manca e l'amore per quel vero che si cerca. La filosofia, povera di verità da offrire, è ricca di amore per quel vero che ricerca. È tensione erotica che si gioca tra conquista e smarrimento.

Dove cercare, dunque, l'unità tra la realtà e il suo senso? E, soprattutto, con quali mezzi, cercarla? E, ancora, come si può capire se la ricerca conduca, o meno, al vero filosofico? C'è un vero filosofico al quale approdare? Da quale presupposto occorre partire?

Ogni vero filosofico potrebbe essere ingannevole e, per ciò stesso, non sarebbe più vero. Potrebbe illudere, facendo credere di fornire a ogni realtà il proprio senso, senza, di fatto, offrirne alcuno. Il vero filosofico, in altre

---

[126] «[...] Bergson [...] ha [...] avvertito che ogni filosofia deve essere [...] una filosofia nuova e [...] la filosofia è così poco [...] la scoperta di una soluzione inscritta nell'essere che tacita la nostra curiosità [...]. [...] far della buona filosofia consisterà invece nel "creare" la posizione del problema e nel "creare" la soluzione ...». M. MERLEAU-PONTY, *Elogio della filosofia*, op. cit., 20-21.
Gianni Vattimo, a questo proposito, parla di "necessità ontologica del conflitto" per la filosofia e scrive: «La filosofia non ha mai sopportato le contraddizioni. Si può anzi dire che sia nata proprio per eliminarle, attraverso il ricorso all'ordine oltremondano delle idee platoniche, oppure al principio di non-contraddizione della logica e della metafisica aristoteliche, e così via. [...]
[Per la] riflessione filosofica [...] non ci sarebbe ragione per discutere di contraddizioni [dunque, di problemi] se non per creare le condizioni della loro conciliazione [dunque, soluzione]. [...] alla base della conciliazione [e di questa tendenza della filosofia alla conciliazione] c'è la visione della verità "oggettiva" e indipendente dagli interessi personali, [...]. [...] la conciliazione impone il rispetto di una verità oggettiva come fonte [...].
L'attitudine [...] metafisica della filosofia è l'unica possibile? [...] intendo [pertanto] proporre una riflessione sulle contraddizioni che non assuma la conciliazione come compito della filosofia. [...].
[...] Hegel nella sua *Estetica* richiede alla filosofia un accordo [...] per ridurre i conflitti, le contraddizioni, ecc. [...] [richiede] la pacificazione. [...] il compito della filosofia è [dunque] quello di riflettere sulle contraddizioni al fine di oltrepassarle verso il regno della verità. [...].
Vorrei far vedere in che senso oggi non ci sia bisogno di più conciliazione [...] attraverso la filosofia. G. VATTIMO, *Essere e dintorni*, op. cit., 25-29.

parole, rischia di passare per l'opinabile e per il capriccioso e la filosofia, da contestatrice del senso comune e dell'opinione, ricadrebbe, in maniera bizzarra, nello stesso senso comune, nella stessa opinione che intende combattere e ridurre al silenzio.

Il vero filosofico, proprio perché non coincide con la verità assoluta, non può darsi che dentro le coordinate di un paradigma[127], dentro un orizzonte di ragionamento, di discussione, di negoziazione.

Il paradigma può cambiare e, di fatto, cambia[128]. Ogni paradigma, però, quale che sia, non può non prendere in carico l'essere. Non può che

---

[127] «[...] il progredire della scienza e della conoscenza si fonda su teorie che non sono considerate di per sé né vere né false, ma possono essere suffragate attraverso un percorso di prove e verifiche, che presuppone un contesto [...] [ed è] insofferente rispetto alle asserzioni dogmatiche». P. ERCOLANI, *Figli di un io minore*, op. cit., 17.
«Il mondo non è che una continua altalena. Tutte le cose vi oscillano senza posa: la terra, le rocce del Caucaso, le piramidi d'Egitto, e per l'oscillazione generale e per la loro propria. La stessa costanza non è altro che un'oscillazione più debole. Io non posso fissare il mio oggetto. Esso procede incerto e vacillante, per una naturale ebbrezza. Lo prendo in questo punto, com'è, nell'istante in cui m'interesso a lui. Non descrivo l'essere. Descrivo il passaggio [...]. Bisogna che adatti il mio racconto al momento. Potrei cambiare fra poco, non solo di condizione, ma anche d'intenti. È una registrazione di diversi e mutevoli eventi e di idee incerte. E talvolta contrarie [...]». M. DE MONTAIGNE, *Essais. Saggi*, F. GARAVINI (trad. it.), Bompiani, Milano 2012, 1487.
«Il termine "paradigma" è entrato nel lessico specialistico dell'epistemologia contemporanea grazie a T. Kuhn [1922-1996] [...]. Le numerose accezioni nelle quali l'espressione è impiegata [...] sono riconducibili [...] a due significati fondamentali. Paradigma è, innanzitutto, la *matrice disciplinare* di una comunità di scienziati, cioè l'insieme degli impegni condivisi che condizionano la scelta e la soluzione dei problemi scientifici affrontati dai membri della comunità. [...]. Nella seconda accezione [...], paradigma è un *esemplare*, cioè una delle concrete soluzioni di problemi che fanno parte della matrice disciplinare di una comunità scientifica». AA. VV. *Enciclopedia Garzanti di filosofia*, Garzanti, Milano 1993, 832.
Noi, dal canto nostro, per pura semplificazione, potremmo dire che il paradigma consiste in questo, per lo scienziato: nell'ipotesi adottata.

[128] «Non c'è nessun punto di vista assoluto e neutrale, indipendente dagli interessi, quindi è necessario introdurre un principio di negoziazione». G. VATTIMO, *Essere e dintorni*, op. cit., 34.
«[...] le teorie scientifiche sono razionali in quanto controllabili tramite il ricorso ai fatti; le teorie filosofiche sono razionali se e quando sono criticabili. E una teoria filosofica risulta criticabile allorché può entrare in urto con un pezzo di Mondo [...] – un teorema logico, una teoria scientifica, un risultato matematico o, per esempio, un'altra idea filosofica – ben consolidato e al quale all'epoca non si è ragionevolmente disposti a rinunciare. [...].
Dunque: *razionali le teorie scientifiche in quanto controllabili attualmente; razionali le teorie filosofiche in quanto criticabili teoricamente, cioè in base a idee e teorie all'epoca accettate*

essere "paradigma ontologico"; non può che essere, sempre e comunque, paradigma dentro la scienza dell'essere-in-quanto-essere[129]. Platone (428/427 a.C. - 348/347 a.C.), a esempio, immagina un'architettura matematica dell'essere[130].

A questo punto, anche la matematica, persino la matematica e i suoi paradigmi non possono che essere "ontologia"[131].

---

e, per quanto consolidate, anch'esse non assolute e sempre sotto assedio». D. ANTISERI, *Furto di filosofia,* op. cit., 12.13.

129 «Se la parola [filosofia] non viene caricata di significati estranei alla concezione originaria, è possibile dire ancora oggi che la filosofia ha per tema l'essere. [...] La ricerca si concreta in una serie di proposizioni che, [...] non hanno l'immediatezza delle conoscenze sensibili [ma che] costituiscono tuttavia effettivo sapere e forniscono [...] una conoscenza certa sul principio [che fonda l'esperienza]. [...].
La conoscenza del principio [...] si mantiene come un riferimento, che dà consistenza e valore ad ogni altra conoscenza. [...] costituisce una misura e un vaglio a cui tutto dev'essere riportato. [...]
La filosofia assolve [...] il proprio compito in quanto non disconosce nessun aspetto od elemento dell'esperienza e tende alla concezione del principio sino al punto da includere in essa anche ciò che a prima vista contrasta con l'immagine che desidereremmo farcene». M. GENTILE, *Trattato di filosofia*, op. cit., 229-230.
«La funzione paradigmatica della matematica va da Platone (e senza dubbio da Parmenide) a Kant, il quale, [...] ne porta al culmine l'uso – fino a salutare nella nascita della matematica, attribuita a Talete, un avvenimento salvifico per l'umanità intera (era anche il parere di Spinoza) – e ne attenua, con il "rovesciamento copernicano", la portata, poiché è la *chiusura* [con Kant stesso] di ogni accesso all'essre-in-sé che fonda l'universalità [...] della matematica. Da questo momento, [...], la filosofia moderna (ovverosia: postkantiana) sarà assillata dal solo paradigma storico e, a parte alcune eccezioni [...], abbandonerà la matematica [...]». M. MERLEAU-PONTY, *Elogio della filosofia*, op. cit., 59-60.

130 Cfr. P. HADOT, *Che cos'è la filosofia antica?*, Einaudi, Torino 2010.

131 «[...] questa asserzione ci sbarazza dalla [...] ricerca del "fondamento" della matematica, perché l'apodotticità [cioè la validità logica e assoluta] di questa disciplina è garantita direttamente dall'essere stesso, che essa pronuncia.
Secondariamente, elimina il problema, altrettanto antico della natura degli oggetti matematici. Oggetti ideali (platonismo)? Oggetti ricavati per astrazione dalla sostanza sensibile (Aristotele)? Idee innate (Cartesio)? Oggetti costruiti dall'intuizione pura (Kant)? [...]. La matematica non *presenta*, in senso stretto, *niente*, senza che [...] [per] questo [essa] sia un gioco vuoto, poiché non aver niente da presentare [...] e non accordarsi [...] mai alla forma dell'oggetto, è certo [...] condizione di ogni discorso sull'essere *in quanto essere* [...] e la matematica [è] scienza, in ogni caso, di tutto ciò che è, *in quanto è.* [...].
La tesi che sostengo non dichiara in nessun modo che l'essere è matematico, ossia composto di oggettività matematiche. [...]. Afferma che la matematica [...] pronuncia ciò che è dicibile dell'essere-in-quanto-essere. [...].
La tesi dell'identità tra matematica e ontologia è messa in dubbio, come ben so, sia dai filosofi che dai matematici». A. BADIOU, *L'essere e l'evento*, op. cit., 59.60.

Che cos'è, dunque, questo "vero filosofico", dentro le coordinate di un paradigma?

Il vero filosofico è l'avvicinamento, progressivo, a un "oltre-me", a qualcosa che sta al di là di me stesso, al di là di ciò che appare e che si manifesta come fenomeno, adesso, dentro il mio orizzonte di quest'ora[132]; pur sempre, dentro un orizzonte di universalità.

L'oltre-me è anche il mio stesso "io" contemplato, investigato, interrogato dal pensiero.

Io cerco l'oltre dei fenomeni, che si chiama essenza. Lo cerco mediante la ragione, puntando al vero, dal di dentro del mio paradigma. È il mio stesso paradigma, che mi orienta e mi condiziona; che mi accompagna e mi svia; che mi proietta e mi limita; che mi lancia e mi afferra. Il paradigma, infatti, è tale perché ha i suoi confini, il suo perimetro. Dentro questi recinti avviene l'avvicinamento all'oltre-me[133].

---

[132] «Una teoria filosofica, proposta quale soluzione di un problema, è dunque razionale se è criticabile. Tuttavia, occorre ribadire che se è dall'arsenale dell' *ambiente*" culturale dell'epoca che si traggono, di volta in volta, quando esistono, gli argomenti critici da scagliare contro le teorie filosofiche, è sempre dall' "ambiente culturale" dell'epoca che provengono, quando esistono, quei supporti che, presentandosi come "indizi più o meno forti di verità" rendono *plausibili* le teorie metafisiche. [...]
[Insomma]: le *teorie filosofiche* sono razionali, perché criticabili, e sono di volta in volta accettate come plausibili in base a quegli "indizi di verità" (più o meno forti, a seconda dei casi) all'epoca disponibili nel Mondo [...]. In questo modo la vita delle teorie filosofiche è una continua lotta: lotta con altre teorie filosofiche in competizione in un "ambiente" dal quale emergono argomenti che possono favorire per un certo tempo una teoria e scalzarne un'altra, ovvero eliminarne più d'una». D. ANTISERI, *Furto di filosofia,* op. cit., 13-14.15.

[133] «[...] non sono alla portata della mente umana le grandi risposte. Tali sono soltanto le grandi domande. Il compito della filosofia oggi è di tenere in vita queste grandi domande, perché impediscano alla massa degli indifferenti di divenire preda del fanatismo di pochi. [...] I due mali contro cui la ragione filosofica [...] deve combattere ora più che mai [è], da un lato, il non credere a nulla; dall'altro, la fede cieca. Insomma tener viva la fede nella ragione contro coloro che non credono neppure nella ragione [...] e contro coloro che credono senza ragionare, cioè i più che credenti. Questo è il compito umile, molto umile ma necessario della filosofia: un compito da sentinella, più che presuntuosamente da *guida*». N. BOBBIO, *La filosofia e il bisogno di senso*, op. cit., 33-34.

Il vero filosofico, dunque, non è un "vero irrelato", non è un "vero insulare", senza relazione e senza riferimento. Non è il vero che si dà come dentro un siderale, inarrivabile biancore. È, invece, il vero che si offre, dentro un paradigma, che funge da modello esplicativo e che chiede di essere interpretato. Il vero filosofico si offre, con l'interpretazione, dentro il paradigma.

Il problema del vero, di alcuni secoli fa, potrebbe essere diverso dal problema del vero di oggi. Resta la stessa ostinazione, tuttavia, nella ricerca del nesso tra realtà e senso. Questa ricerca, questa ostinata ricerca è ciò che c'è di immutabile nella filosofia.

Ieri, ci si chiedeva se fosse stata vera l'esistenza dei vampiri.

Oggi, ci si chiede se c'è vita su altri pianeti o in altri universi[134].

Ci si chiede in quale rapporto stiano Dio ed eventuali altre forme di vita negli universi esistenti.

A proposito di Dio, la filosofia, su Dio stesso, può interrogarsi, porsi domande e offrire tesi possibili. Dio, così, nel campo di indagine della filosofia, entra come "vero filosofico" ma non come "verità". Alla domanda su Dio, in filosofia, seguiranno tante risposte, tutte plausibili, tutte vere, per alcuni; tutte false e inaccettabili, per altri. Seguiranno tesi, appunto, ma non la verità che Dio è. Questa verità, invece, si offre nella fede e nell'esperienza

---

[134] «*È possibile dare una definizione della verità? È anche utile?*
Certo, è possibile e anche utile se non si intende la verità con la *V* maiuscola [...]. Credo che si possa parlare della verità distinguendo le verità di ragione dalle verità di fatto. Le prime comprendono i giudizi analitici e i ragionamenti mediante cui si deduce da un principio una conseguenza applicando le regole della logica, le seconde si ricavano dall'osservazione empirica». *Ivi*, 35.

credente[135]. Ma tutto questo va fuori dal nostro campo di indagine che è quello strettamente filosofico[136].

Il Dio dei filosofi non è, e non può essere, il Dio dei credenti. Il Dio della fede è, infinitamente, più in alto del Dio che, anche il più alto pensiero umano, su Dio stesso, possa raggiungere. È, infinitamente, al di là[137].

I filosofi, talvolta, approdano alla fede, che offre risposte definitive (anche se la persona di fede rimane, pur sempre, "essere in ricerca"). La loro filosofia, a quel punto, potrebbe smettere di cercare il vero filosofico, su quel particolare "oggetto", che è Dio, avendolo trovato quale verità assoluta; oppure, pur non venendo meno al suo compito, la filosofia tiene ben distinto il Dio oggetto di pensiero dal Dio incontrato nella fede[138].

---

135 «Anche le religioni forniscono risposte e visioni generali del mondo [...]. Alla base [...] è posta a volte una rivelazione divina, che nelle religioni monoteistiche trova espressione in un testo sacro: la Bibbia, il Corano [...]. Ciò che distingue queste concezioni dalle risposte ai problemi date dalla filosofia è che queste ultime [...] pretendono di valere in generale [...]. [...] ogni filosofo [...] in linea di principio si rivolge a un uditorio universale. [...]
I filosofi avvertono dunque la necessità di incamminarsi lungo strade che permettano di arrivare a risposte soddisfacenti a problemi generali». G. CAMBIANO, *Sette ragioni per amare la filosofia*, op. cit.,71-73.

136 «Per parlare [...] adeguatamente del divino [...], occorre prima parlare dell'umano [...], e non pensi di onorare il Creatore e Redentore colui che disprezza la natura da Lui plasmata e salvata. Così, prima di avvicinare la sapienza soprannaturale della fede rivelata, occorre esplorare umilmente e attentamente la sapienza naturale dell'intelletto umano, e ciò sia perché la prima suppone la seconda come il suo soggetto, sia perché non si può dare un'adeguata idea della prima se non la si distingue accuratamente dalla seconda. Distruggere la natura non è esaltare la grazia, ma piuttosto toglierle il soggetto di realizzazione e calpestare la sua sublime dignità di dono gratuito essenzialmente divino – se on c'è natura, non ha nemmeno senso parlare di qualcosa di soprannaturale. Qui come altrove, ma più ancora che altrove, la distinzione è sorgente di ordine e di sapienza». T. TYN, *Metafisica della sostanza*, op. cit., 31.

137 «[...] per quanto i due discorsi [filosofico e religioso] siano reciprocamente intrecciati, essi rimangono distinti: altro è parlare di Dio, altro è parlare con Dio, anche se la presenza del primo è il vaglio della sincerità del secondo, e il secondo viene promesso come convalida del primo. La certezza filosofica e dimostrativa di una dottrina sul principio conferisce una forma di persuasione insostituibile anche per chi si trovi o creda di trovarsi aperto a convinzioni di origine sovrannaturale». M. GENTILE, *Trattato di filosofia*, op. cit., 230.

138 «Eschilo [525 a.C. – 456 a.C.] guarda al fondo della filosofia e afferma che il sommo riparo dall'angoscia è la sapienza non smentibile, la verità. [...] anche il mito e la religione offrono verità che dicono essere assolute. Offrono rimedi che di fatto chiudono la partita, offrono risposte definitive senza lasciare spazio alle domande che proprio quelle risposte sollevano.

La filosofia, su Dio, e su ogni altro oggetto filosofico, ricerca il vero delle tesi possibili, plausibili e, pur sempre incomplete, che si danno dentro un determinato orizzonte di riferimento.

Il plausibile non è il subitaneo, il momentaneo, il fugace. È ciò che potrebbe essere dichiarato vero o falso dentro il paradigma di quest'ora che non è sganciato dai paradigmi di prima né da quelli che verranno.

Questo avvicinamento all'oltre, pur essendo oltre, è, pur sempre, dentro il mio paradigma. È un avvicinamento che si compie tra falsificabilità, verificabilità e fallibilismo. Si compie dentro un paradigma, che condiziona e che orienta; dentro un paradigma che può essere verificato o falsificato[139].

La filosofia, tutto sommato, non è che il modo di stare al mondo, lasciandosi interrogare, per mettersi alla ricerca del senso. Si tratta del mondo fatto di cose, di persone, di eventi, di esperienze; del mondo come storia. Si tratta, anche, del mondo come limite e come possibilità; del mondo come nudità.

È questa la ragione per la quale, in ambito filosofico, sarebbe preferibile parlare di "vero filosofico" piuttosto che di "verità".

La ricerca filosofica, invece, lascia spazio a tutte quelle domande [...] che scaturiscono da quel nostro *stupore* davanti a ciò che ci appare estraneo e che ci spaventa.
[...] Il mito e la religione hanno risposte, la filosofia ha domande». P. BARBIERI, *Perché è necessario lo studio della filosofia*, op. cit., 44-45.

[139] «L'uomo, che è un ente fra gli altri, *fa scienza*. In questo *fare* accade [...] che l'irruzione di un ente, detto uomo, nella totalità dell'ente, in modo tale che l'ente [...] per questa irruzione, si dischiude in ciò che è e per come è. [...].
Ciò a cui tende il riferimento al mondo è l'ente [...] e nient'altro.
Ciò da cui ogni atteggiamento assume la propria direzione è l'ente [...] e al di là di questo nient'altro.
Ciò con cui, nell'irruzione, avviene che la ricerca si confronti è l'ente [...], e al di là di questo – nient'altro». M. HEIDEGGER, *Introduzione alla metafisica*, op. cit., 40.

Il vero filosofico, infatti, sta tutto nella ricerca. Sta tutto nel dialogo. È modo di camminare e di viaggiare nell'essere delle cose e del mondo[140]. È modo per affrontare l'essere e per accedere al reale. Soltanto perché è vera la ricerca, e ciò che la spinge, che la filosofia ha un proprio vero.

È il viaggio verso il "principio", non l'approdo, ciò che dà stabilità al sapere filosofico, al vero filosofico, strappandoli alla precarietà del pensiero momentaneo del singolo. È un viaggio che si compie, interrogando e decifrando.

Nulla, però, si potrebbe interrogare se non con la parola. Nulla si potrebbe decifrare se non, ancora una volta, con la parola.

Alla filosofia e al filosofo occorre la parola.

La parola dà forma al "Che cos'è?", al "Perché?, al "Perché è così?". che l'intelligenza, di suo, vuole cercare. Questa dà forma all' "È" di quella o di questa determinata cosa, inseguita, ricercata, interrogata, scoperta.

La via, il metodo della filosofia stanno nel chiedersi "Che cos'è?" "Perché?, "Perché è così?".

---

140 «C'è [...] un accordo generale sulla convinzione che non sia concepibile alcuna sistematica speculativa e che sia passata l'epoca [...] di una dottrina del nodo essre/non essere/pensiero (se si ammette che, da Parmenide, è da questo nodo che si origina ciò che si chiama "filosofia") [...]. Il tempo del pensiero è aperto a un diverso regime di apprensione. [...]
Viviamo in un'epoca complessa, addirittura confusa [...] [tale] che le rotture e le continuità [...] non si lasciano sussumere sotto un unico vocabolo. [...]. Riassumerei volentieri il molteplice [...] in questo modo:

1. Siamo contemporanei a una *terza epoca* della scienza, dopo quella greca e galileiana. La cesura [...] che apre questa terza epoca non è (come per la greca) un'invenzione – quella della matematica dimostrativa –, né (come per la galileiana) una rottura – quella che matematizza il discorso fisico. È un rifacimento, a partire da cui si [rivela] la natura [matematica] della razionalità [...].
2. Siamo [...] contemporanei a una *seconda epoca* della dottrina del Soggetto, che non è più il soggetto fondatore, centrato e riflessivo, il cui tema ricorre da Cartesio a Hegel e resta ancora leggibile fino a Marx e Freud (e fino a Husserl e Sartre). Il Soggetto contemporaneo è vuoto, diviso, a-sostanziale, irriflessivo. [...].
3. Siamo [...] contemporanei a un *inizio* per quanto concerne la dottrina della verità, dopo che si è disfatta la sua relazione [...] organica con il sapere». A. BADIOU, *L'essere e l'evento*, op. cit., 54-55.

Lo strumento, invece, sta nella parola.

Nessun metodo, però, potrebbe avere il proprio inizio, e partire come metodo, appunto, se lo slancio naturale della ragione, verso il che "Che cos'è?" delle cose, non trovasse corpo nella parola.

La ragione che si interroga, con la più semplice delle domande, "Che cos'è?", si serve, sempre e comunque, di pixell di linguaggio: " Che", "Cosa", "È".

Si serve di parole: tutt'altro che vuote; tutt'altro che insignificanti.

La parola o il metodo? Che cosa sta prima?

Sicuramente la domanda sull'essere, almeno in apparenza, è ciò che viene prima. Questa domanda, però, rimarrebbe chiusa e inefficace, come un file inesistente, se non si disponesse, nella mente del filosofo, come sequenza di parole, seppur minime: pixell, appunto.

Inutile, dire, allora, se, cronologicamente, venga, prima, la domanda e, poi, la parola. Inutile, perché alcuna domanda sarebbe tale senza la parola che, anche quando non è pronunciata; anche quando non è scritta, è nella testa del filosofo che si chiede "Che cos'è?", "Perché?, "Perché è così?", quella determinata cosa. Il metodo ha bisogno della parola e questa per procedere ha bisogno di metodo.

La parola ha il potere di interrogare l'essere e di accoglierne la risposta, che le giungerà soltanto attraverso il metodo che consiste nel chiedersi "Che cos'è?", "Perché?, "Perché è così?".

A voler tentare una definizione del vero filosofico, dunque, si potrebbe affermare, che il vero filosofico è lo spazio per continuare a riflettere, a ragionare, a dialogare su una tesi[141], nella continua ricerca del nesso tra la realtà e il suo senso, così come questo nesso viene espresso dalla parola.

[141] «[...] se si assume una concezione meno rigida di verità, affermando che una tesi è vera sino a prova contraria oppure che è probabile o altamente probabile rispetto ad altre, si apre uno spazio per continuare a ragionare su queste tesi». G. CAMBIANO, *Sette ragioni per amare la filosofia*, op. cit 121.

5. Cinque conclusioni

Proviamo, ora, a trarre alcune conclusioni su questa importanza e bellezza dell'inutile che è nella filosofia. Proviamo a chiederci, in definitiva, a che cosa potrebbe mai servire la filosofia e a chi potrebbe tornar utile, in qualche maniera, pur essendo essa così, apparentemente, inutile. In fondo, il termine "utilità" è il più inopportuno, in rapporto alla filosofia stessa. Verrebbe da dire, paradossalmente, che è il più inutile dei termini che si possa impiegare. Parliamo di utilità, dunque, soltanto per intenderci, senza attribuire, a questo termine, un valore assoluto. Parliamo di utilità, soltanto e per pura utilità.

Si tratta di parlare, più propriamente, di necessità della filosofia, mettendo in evidenza gli aspetti che la rendono "necessaria".

Conclusione prima. La filosofia[142] è utile (per quanto questo termine possa essere adoperato, in questo contesto), a razionalizzare la realtà[143], a formulare ragionamenti, per il potere che questi hanno di strappare alla

---

[142] Si tratta della « [...] riflessione filosofica come modalità specifica e fondamentale della ragione umana che, in epoche diverse e in diverse tradizioni culturali, ripropone costantemente la domanda sulla conoscenza, sull'esistenza dell'uomo e sul senso dell'essere e dell'esistere [...] cogliendo [...] la portata potenzialmente universalistica che ogni filosofia possiede. [...]
[È la riflessione filosofica che mette in grado] di orientarsi sui seguenti problemi fondamentali: l'ontologia, l'etica e la questione della felicità, il rapporto della filosofia con le tradizioni religiose, il problema della conoscenza, i problemi logici, il rapporto tra la filosofia e le altre forme del sapere, in particolare la scienza, il senso della bellezza, la libertà e il potere nel pensiero politico [...]». MINISTERO DELL'ISTRUZIONE, DELL'UNIVERSITÀ E DELLA RICERCA, *Schema di regolamento recante "Indicazioni nazionali riguardanti gli obiettivi specifici di apprendimento concernenti le attività e gli insegnamenti compresi nei piani degli studi previsti per i percorsi liceali di cui all'articolo 10, comma 3, del decreto del Presidente della Repubblica 15 marzo 2010, n. 89, in relazione all'articolo 2, commi 1e 3 del medesimo regolamento"*, https//www.indire.it.

[143] «[Il] razionalismo critico [...] mette al centro della scena sociale la ragione umana». P. ERCOLANI, *Figli di un io minore*, op. cit., 17.

opacità del mondo e del senso comune, che detto così potrebbe non avere molta importanza. L'importanza si scopre tutta, però, se si considera che, proprio dentro a quella opacità del mondo, si addensano luoghi comuni, aggressività, violenza dei pregiudizi e dei poteri [144], sfruttamento, vanità e insulsaggini di ogni tipo. Dentro a quella opacità del mondo, si addensa l'egocrazia dei nostri giorni, cioè l'irragionevole e l'incontrastato dominio dell'io. Il nostro linguaggio -anche il nostro linguaggio, insieme ai nostri comportamenti- troppe volte, è un "linguaggio egocratico" (quando, per esempio, diciamo: "Ho diritto a vivere la mia vita"; "Faccio ciò che voglio e nessuno può costringermi a fare diversamente"; "Io dico, sempre, ciò che penso", ecc.).

La filosofia ha il potere di sbriciolare, con la forza del ragionamento, fatto di questioni, di domande, di dibattito, di scontro e di confronto; di incontri e di divergenze; fatto di tesi possibili, di quadri di riferimento e di spazi aperti. Si tratta del ragionamento che problematizza la realtà; che fa della realtà un "problema". "Problema" sta per domanda. Nulla a che vedere, dunque, con ciò che non ha via di uscita. Anche quando vie di uscita non ve ne fossero, resterebbero, pur sempre, gli occhi aperti sulla realtà e questo sarebbe tutt'altro che negativo. Nulla a che vedere con l'ostacolo e con l'impedimento, perché anche quando vi fossero ostacoli e impedimenti, questi costituirebbero l'occasione per razionalizzare la realtà, per averne consapevolezza. Il ragionamento sulla realtà e la sua problematizzazione, così, divengono l'opportunità per incidere sulla realtà stessa. La filosofia è utile, dunque, perché è discussione razionale e caleidoscopica sul reale.

---

[144] «Non è la logica -diceva Oscar Wilde- a rendere gli uomini ragionevoli, né la scienza dell'etica a renderli buoni, ma analizzare, formulare e investigare è sempre utile».
«Si può porre la domanda se oggi esista ancora non solo il gusto, ma almeno la pratica di formulare ragionamenti». G. CAMBIANO, *Sette ragioni per amare la filosofia*, op. cit., 95. 93.

Conclusione seconda. C'è un'altra utilità della filosofia, strettamente collegata alla precedente. La filosofia è utile a tener desto lo spirito critico e, quindi, a interpretare il mondo[145]. È utile a osservare la realtà, a cercare e a discernere; ad abbattere l'unidimensionalità, la standardizzazione del pensiero e la diffusa incapacità a confrontarsi. È utile, percorrendo la via della domanda e della verifica continua, a levarsi sopra i percorsi di inganno e di ottusità, per tentare di arrivare alla ragione delle cose, al perché e alle cause di ciò che ci circonda e in mezzo a cui ci troviamo, a ogni istante, cogliendone le sfumature. È utile a uscire dalla gabbia del pensiero addestrato. Il ragionamento filosofico, di suo, non accettando alcun "oro colato", porta a svegliare dai consensi di massa[146], accordati ciecamente, senza che questi consensi incontrino un qualche "se" o un qualche "ma"; senza che questi consensi incontrino una qualche resistenza. Si tratta di consensi che impediscono di farsi un'idea completa sul reale e sulla società, sulla vita e sulla persona umana. Con il ragionamento filosofico, salta il "voto di obbedienza", rispetto a ciò che viene dato per scontato e in nome del quale si possa immaginare di sacrificare la libertà di pensiero. Il ragionamento filosofico mette in guardia da coloro che vorrebbero tenerci sotto la propria ala protettiva; da coloro che vorrebbero pensare al posto

[145] Lo spirito critico è «la facoltà specifica dell'uomo che gli permette di non subire passivamente una situazione, ma di analizzarla, sottoporla a critica ed eventualmente modificarla [...].
[È] la facoltà che ci consente di non accettare passivamente dei dogmi imposti da un potere coercitivo o manipolante, ma di procedere alla messa in questione di ogni cosa (compreso il nostro stesso pensiero) seguendo dei criteri logici e tenendo conto del contesto, così da pervenire a un giudizio autonomo e consapevole [...]». P. ERCOLANI, *Figli di un io minore*, op. cit., 15.16.

[146] Cfr. M. MORASSO, *Contro quelli che non hanno e che non sanno,* Palumbo Editore, Palermo 1989, X.

nostro; scegliere, al posto nostro; impedire, al nostro pensiero, di chiedersi "perché?".

Lo spirito critico, da un lato, non ci impedisce di sbagliare. Di sicuro, dall'altro lato, impedisce coloro che vogliono impedirci anche di sbagliare e, quindi, di compiere la impegnativa navigazione alla ricerca del senso. Lo spirito critico, insomma, libera dagli ostacoli posti al pensiero e, al tempo stesso, pone un ostacolo insormontabile all'arroganza di coloro che vogliano, in qualche modo, ostacolare il pensiero. Pone un ostacolo insormontabile ai "bravi maestri".

Dal pensiero critico nasce la consapevolezza di appartenere alla storia; la consapevolezza di non essere "massa"; la consapevolezza dei rischi della frammentizzazione e del continuo crollo del noi. Nascono, insomma, la consapevolezza dell'io-collegato e quella di essere cittadini. Non è la cittadinanza degli stati e delle unioni, ma una cittadinanza ben più radicale e più profonda. Si tratta di scoprirsi cittadini dell'umanità: il che è molto più, infinitamente più, di un gioco di squadra.

Conclusione terza. La filosofia, così, è via del dissenso. Può funzionare come contropotere, rispetto alla violenza dei poteri forti. Ha una pazzesca capacità interstiziale. Sa infiltrarsi ovunque. Va a beccare, ostinatamente, il potere nei luoghi più nascosti, della società e del pensiero, delle istituzioni e delle loro regole, per tentare di smascherarne logiche di sfruttamento e di violenza. Non c'è "sancta sanctorum" che tenga e che sia totalmente tale. Non c'è l'insuperabilità di alcun "velo del tempio". La filosofia, infatti, sa buttar giù le statue dei dittatori: non tanto quelle delle piazze, quanto, piuttosto, quelle delle ideologie, costruite a regola d'arte e proiettate sulla catena di produzione di un corpo sociale che si vuole cieco e ottuso. Il pensiero filosofico non teme le porte del carcere, invisibili e impercettibili per il pensiero stesso che si incammina verso le strade della dissidenza[147], contro il governo, ideologico e pratico, dei peggiori[148], che impiega l'aggressione come strategia.

Conclusione quarta. C'è dell'altro. La filosofia tenta di spiegare la struttura, complessa e complessiva, del mondo[149]. La sua utilità sta nel far riappropriare l'uomo della sua privilegiata posizione: quella offertagli dal pensiero. Si tratta di un compito di riposizionamento; di ricollocamento, dell'uomo, nel più naturale dei suoi habitat: l'habitat della riflessione.

Scienza e tecnica non sono i problemi dell'uomo del futuro che vive, già, nell'oggi. La perdita del pensiero, l'uomo senza pensiero, il pensiero che si ritira dall'uomo stesso è ciò che rende, davvero, tutto più complicato e incomprensibile[150]. Occorre riguadagnare, allora, l'uomo all'uomo; il pensiero all'uomo. Le nuove tecnologie, la pervasiva matematizzazione della realtà, la planetaria digitalizzazione di quasi tutti gli aspetti della vita, per se stesse, non sono un problema né tolgono senso. Non si tratta, cioè, di

---

[147] Cfr. M. VIROLI, *La libertà dei servi,* Laterza, Bari 2010, 17-18.

[148] Cfr. M. BOVERO, *Contro il governo dei peggiori. Una grammatica per la democrazia,* Edizioni Laterza, Bari 2000, 150-158.

[149] «La realtà del mondo non risulta all'uomo immediatamente visibile e trasparente [...] così come appare. [...] occorre andare oltre la scorza esteriore [...], per cogliere, al di là della [...] molteplicità, principi capaci di fornire la spiegazione della struttura complessiva del mondo. Ma dubbi sono stati avanzati sulla possibilità di raggiungere questo obiettivo in maniera definitiva». G. CAMBIANO, *Sette ragioni per amare la filosofia*, op. cit., 145-146.
«[...] la filosofia ha lo scopo di aiutarci a guardare in fondo a noi stessi e al mondo in cui viviamo, per capire la nostra condizione e orientare le nostre scelte e le nostre azioni personali e sociali». P. BARBIERI, *Perché è necessario lo studio della filosofia*, op. cit., 41-42.

[150] «Ciò che io propongo [...] è una riconsiderazione della condizione umana dal punto di vista privilegiato che ci concedono le nostre più avanzate esperienze e le nostre più recenti paure. Questo, evidentemente, è materia del pensiero, e la mancanza di pensiero – l'incurante superficialità o la confusione senza speranza o la ripetizione compiacente di "verità" diventate vuote [...] – mi sembra tra le principali caratteristiche del nostro tempo. Quello che io propongo, perciò, è molto semplice: niente più che pensare a ciò che facciamo». H. ARENDT, *Vita activa. La condizione umana*, Bompiani, Milano, 38.

detrattori, più o meno occulti, del senso. Si tratta, piuttosto, di amplificatori che, di certo, complessificano il reale.

La complessificazione del reale, però, porta più senso. Non lo distrugge. Una lettura positiva e ottimistica, della complessa contemporaneità, è possibile. La complessificazione porta nuovi e ulteriori aspetti del senso, che stanno nel reale; che vanno ricercati e osservati, proprio come è nello stile della riflessione filosofica.

L'alternativa, dunque, non sta tra complessificazione e de-complessificazione del reale. Anzi, forse, non è proprio il caso di parlare di "alternativa" ma, più opportunamente, di "rapporto" tra complessificazione del reale e senso di quella complessificazione. Non è in gioco l'alternativa semplice-complesso. È in gioco il senso del complesso e del suo continuo divenire, dove la filosofia entra per comprendere, decodificare, tradurre in linguaggio corrente. La realtà complessificata è portatrice di senso. L'utilità della filosofia sta nella contaminazione tra questa realtà complessificata, appunto, e il proprio senso.

Un nuovo paradigma caratterizza, dunque, l'epoca contemporanea e postmoderna. Alla filosofia spetta, così, il compito di entrare dentro quel paradigma, scoprendone dinamiche non lineari e di discontinuità; costituzione di reti e di relazioni.

Alla filosofia, in quello che sembra essere uno slittamento dal semplice al complesso, spetta l'utile compito di cogliere il complesso non come sconfitta ma come opportunità; non come incidente ma come costruzione; non come casualità ma come progetto; non come incubo ma come sogno.

Conclusione quinta. La filosofia illumina il rapporto dell'uomo con il mondo scientifico e tecnologico.[151] Scienza e tecnica hanno spalancato, dinanzi all'uomo contemporaneo, opportunità impensabili, soltanto fino a qualche decennio fa. Dinanzi all'uomo, che è dentro la sterminata rete di opportunità del terzo millennio, si aprono orizzonti che tolgono il respiro.

Demonizzazione del progresso e delirio di onnipotenza: dove va a collocarsi l'uomo di oggi? Su quale dei due punti estremi?

Oggi, più che mai, l'uomo ha la possibilità di costruire relazioni col vetro o con l'anima. È questione di libertà e di responsabilità.

Fino a che punto, però, questa libertà è tale? Quali sono i confini della responsabilità? Fino a che punto, la libertà e la responsabilità, non sono condizionate e controllate? L'uomo, in quest'epoca di cambiamenti, è davvero in grado di volere ciò che egli realmente vuole?

---

[151] «La filosofia può essere un buon esempio dei modi di intrattenere rapporti [...] col sapere scientifico. [...]
Dovranno [...] i non specialisti [in un mondo fatto di specializzazioni e di specialisti] essere sempre in balìa totale del potere degli specialisti?». G. CAMBIANO, *Sette ragioni per amare la filosofia*, op. cit., 151.
«La tendenza del nostro tempo è caratterizzata dalla frammentazione del sapere [...]; manca [...] una visione globale che dica dove siamo e dove siamo diretti». P. BARBIERI, *Perché è necessario lo studio della filosofia*, op. cit., 37.
«[...] i futuri tecnici dovrebbero studiare filosofia proprio per essere coscienti del perché oggi, più che nel passato, l'umanità si affida alla potenza della tecnica. La clonazione [...] – per esempio – non può eludere l'approfondimento filosofico. [...]. Quale umanità ci sarà quando il trionfo della tecnica sarà totale?
[...] Hans Jonas [1903-1993] [...], ha invocato un nuovo principio di responsabilità, criticando il *prometeismo* imperante, ovvero l'idea di una possibilità illimitata di intervento dell'uomo sulla natura mediante lo sviluppo della tecnica. [...], l'etica deve sorgere da un nuovo senso di pericolo [...] che grava sulle generazioni future. [...]
Il tecnico, in particolare colui che opera nei campi della genetica e della medicina – settori maggiormente sensibili a temi etici, basterebbe pensare al fine vita e all'eutanasia – è con il pensiero filosofico che dovrebbe confrontarsi.
Poi la realizzazione di intelligenze artificiali con macchine in grado di sostituire l'uomo in ogni sua azione. [...] sono problemi che richiedono una risposta che può arrivare solo da una visione non settoriale e che solo la filosofia può aiutare a dare. G. CAMBIANO, *Sette ragioni per amare la filosofia*, op. cit., 151.

Fino a che punto non si trova a desiderare ciò che la società scientifica e tecnologica gli fa desiderare[152]?

La filosofia, rifiutando la demonizzazione del progresso e rimanendo vigile sui rischi dei deliri di onnipotenza, ha la straordinaria possibilità di liberare il desiderio; di riportare il cuore al centro del villaggio globale, in cui, pur "iperconnessi", spesso, ci si ritrova soli, a sperimentare la vertigine dell'essere e il baratro del nulla: dell'essere che noi siamo; del nulla nel quale il nostro stesso essere potrebbe precipitare.

È proprio questo rischio che la scienza e la tecnica, pur grandi, non possono ridurre né eliminare. È dinanzi a questo rischio che si pongono le due possibilità estreme: demonizzazione e delirio di onnipotenza.

La demonizzazione nasce come sfiducia radicale e senza appello, di fronte a una scienza e a una tecnica incapaci di liberare dal dolore, dalla morte, dal nulla. Scienza e tecnica, incapaci a salvare l'uomo, introdurrebbero, per lui, soltanto illusioni. L'uomo rimarrebbe, ineluttabilmente, "uomo per la morte", "essere per la morte". Scienza e tecnica, incapaci di andare alla radice dell'essere, rivelano, in un orizzonte di demonizzazione, la propria totale impotenza rispetto alla minaccia del nulla. Niente possono per l'uomo. Nulla possono per salvarlo.

Il delirio di onnipotenza, invece, si affaccia come illimitata fiducia nella scienza e nella tecnica. Anche qui, la minaccia del nulla si fa sentire. L'uomo, in altre parole, avverte quanto sia reale il rischio di vedersi precipitare nel nulla e di vedere precipitare, con sé, nello stesso nulla,

---

152 Cfr. B. KAISER, *La dittatura dei dati*, C. CHIAPPA (trad. it.), Haper Collins, Milano 2019; S. ZUBOFF, *Il capitalismo della sorveglianza. Il futuro dell'umanità nell'era dei nuovi poteri*, Luiss, Roma 2019.

l'essere delle cose. Potrebbe scomparire egli stesso e con sé ogni altra realtà. Questa minaccia scatena in lui una sfrenata voglia di vivere oltre ogni limite, oltre il limite stesso del nulla. A chi affidare, dunque, la propria salvezza? Perché non affidare la propria salvezza a chi dispone di un innegabile potere, così come mostrano scienza e tecnica? Perché non pensare che superato il limite dello spazio, con la comunicazione digitale, non si possa pure, convincersi che le barriere del tempo possano essere infrante, assicurando l'eterna giovinezza? Perché continuare a credere che la morte sia umanamente imbattibile[153]?

La filosofia, dunque, ha il potere di centrare l'uomo sul punto di una salutare distanza dalla demonizzazione, della scienza e della tecnica, e dal delirio di onnipotenza, cui la scienza e la tecnica stessa potrebbero condurre.

La filosofia, in defintiva, è in grado di liberare il desiderio, di illuminare il rapporto dell'uomo con il mondo scientifico e tecnologico, in quanto è capace di riflettere sull'essere.

In questo senso, la filosofia è capace di riportare alla vita.

---

[153] A questi e ad altri interrogativi, dovrà tentare di offrire delle risposte la "roboetica", ovvero quella branca dell'etica che si occupa del rapporto tra l'uomo e l'intelligenza artificiale. Si tratta, in buona sostanza, di un'etica "applicata", considerata la crescente rilevanza dei robot domestici, dei robot impiegati nella medicina, ma anche della robotica educativa e del corpo post-umano (soltanto per citare alcuni aspetti del rapporto attuale tra l'uomo e l'intelligenza artificiale). La questione del corpo post-umano, in particolare, porta con sé la riflessione sulla possibilità eugenetica.
Il punto cruciale, a cui la roboetica dovrà cercare di tener testa, sarà, quello legato alla domanda: "Le intelligenza artificiali potranno sviluppare un proprio sé autentico, cioè una vita interiore simile a quella degli uomini e delle donne?".
Se tutto ciò dovesse rivelarsi possibile, in quale misura potrebbe diventarlo; con quali conseguenze per la società?

Bibliografia

AA. VV. *Enciclopedia Garzanti di filosofia*, Garzanti, Milano 1993.

AGAMBEN G., *Che cos'è la filosofia?*, Quodlibet, Macerata 2016.

AGNOLI F., *Dieci brevi lezioni di filosofia. L'essenziale è invisibile agli occhi*, Gondolin, Verona 2018.

ANTISERI D., *Furto di filosofia, furto di democrazia*, Editrice La Scuola, Milano 2019.

ARENDT H., *Vita activa. La condizione umana*, Bompiani, Milano.

ARISTOTELE, *Fisica*, A. Russo (trad. it.), libro IV, in *Opere*, vol. 3, Edizioni Laterza, Roma-Bari.

BADIOU A., *L'essere e l'evento*, CESARONI P. –FERRARI M. –MINOZZI G. (a cura di), Mimesis Edizioni, Milano – Udine 2018.

BARBIERI P., *Perché è necessario lo studio della filosofia*, Book Time, Milano 2019.

BERTI E., *Metafisica*, in *La filosofia*, ROSSI P. (a cura di) vol. III, Utet, Torino 1995V. MATHIEU, *Trattato di ontologia. Essere e spazio*, Mimesis Edizioni, Sesto San Giovanni (Mi) 2019.

BOVERO M., *Contro il governo dei peggiori. Una grammatica per la democrazia,* Edizioni Laterza, Bari 2000.

CAMBIANO G., *Sette ragioni per amare la filosofia*, Il Mulino, Bologna 201.

CARNAP R., *Il superamento della metafisica mediante l'analisi logica del linguaggio*, in *Il Neoempirismo*, PASQUINELLI A. (a cura di), Utet, Torino 1978.

CICERO V. (trad. it.), Bompiani, Milano 1996.

CIORAN E., *Sommario di decomposizione*, RIGONI M. A. (trad. it.), Biblioteca Adelphi 328, Milano 2012.

DAL FERRO R., *Elogio dell'idiozia. Un maldestro tentativo di farmi capire*, Tlon, Roma 2018.

DE LA BOÉTIE E., *Discorso sulla servitù volontaria*, DONAGGIO E. (a cura di), Universale Economica Feltrinelli, Milano 2011.

DE MONTAIGNE M., *Essais. Saggi*, GARAVINI F. (trad. it.), Bompiani, Milano 2012.

DELEUZE G. – GUATTARI F., *Come farsi un corpo senz'organi? Millepiani II*, Castelvecchi, Roma 1996.

DELEUZE G. – GUATTARI F., *Che cos'è la filosofia?*, ARCURI C. (a cura di), Piccola Biblioteca Einaudi, Torino 2002.

DEZZA P. S.J., *Filosofia. Sintesi scolastica*, Editrice Pontificia Università Gregoriana, Roma 2003[10.]

ECO U. - FEDRIGA R., *Storia della Filosofia. Dall'Antichità al Medioevo*, Laterza Edizioni Scolastiche, Roma - Bari- Milano 2014.

ERCOLANI P., *Figli di un io minore. Dalla società aperta alla società ottusa*, Marsilio Ancora, Venezia 2019.

GAARDER J., *Il mondo di Sofia*, Longanesi, Milano 1994.

GENTILE M., *Trattato di filosofia*, Edizioni Scientifiche Italiane, Napoli-Roma, 1987.

GILBERT P., *La pazienza d'essere. Metafisica. L'analogia e i trascendentali*, Pontificio Istituto Biblico, Roma 2015.

GUASTINI R., *Filosofia del diritto positivo. Lezioni,* VELLUZZI V. (a cura di), G. Giappichelli editore, Torino 2017.

HADOT P., *Che cos'è la filosofia antica?*, Einaudi, Torino 2010.

HEIDEGGER M., *Che cos'è metafisica?* F. VOLPI (a cura di), ADELPHI, MILANO 2001.

JASPERS K. , *La mia filosofia*, RENATO DE ROSA (a cura di), Einaudi, Torino 1946.

JASPERS K., *Metafisica*, Mursia, Milano 1972.

KAISER B., *La dittatura dei dati*, CHIAPPA C. (trad. it.), Haper Collins, Milano 2019.

KANT I., *Critica della ragion pura*, GENTILE G. – LOMBARDO RADICE G. (trad. it.), Laterza, Bari 2017.

KANT I., *Fondazione della metafisica dei costumi*, in *Scritti morali,* CHIODI P. (trad. it.), Utet, Torino 1995, 88.

MERLEAU-PONTY M., *Elogio della filosofia*, Se, Milano 2008.

MIRRI E., *L'essenza della filosofia*, Morlacchi Editore U. P., Perugia 2020.

MONDIN B., *Manuale di filosofia sistematica*, vol. 3, *Ontologia e metafisica*, Edizioni Studio Domenicano, Bologna 2007.

MORASSO M., *Contro quelli che non hanno e che non sanno,* Palumbo Editore, Palermo 1989.

NOICA C., *Trattato di ontologia*, DAINI S. (a cura di), Edizioni Ets, Pisa 2007.

ORDINE N., *Gli uomini non sono isole. I classici ci aiutano a vivere*, La nave di Teseo, Milano 2018.

ORDINE N., *L'utilità dell'inutile. Manifesto. Con un saggio di Abraham Flexner*, Bompiani, Milano 2013.

PLOTINO, libro IV, 3, 21-24, R. RADICE (trad. it.), Mondadori, Milano 2002.

REALE G. – ANTISERI D., *Storia delle idee filosofiche e scientifiche. Dai presocratici ai nostri giorni*, Editrice La Scuola, Milano 2019.

REALE G. – ANTISERI D., *Storia delle idee filosofiche e scientifiche. Dai presocratici ai nostri giorni*, Editrice La Scuola, Milano 2019.

SAVATER F., *Dizionario filosofico*, Laterza, Roma-Bari 2000.

SINI C., *Filosofia teoretica*, Jaka Book, Milano 2018.

TITO LUCREZIO CARO, *De rerum natura*, FELLIN A. (a cura di), Utet, Torino 1997.

TYN T., *Metafisica della sostanza*, Fede & Cultura, Verona 2009.

VATTIMO G., *Essere e dintorni*, IANNANTUONO G. –MARTINENGO A. – ZABALA S. (a cura di), La nave di Teseo, Milano 2018.

VICO G., *Della mente eroica,* in *Opere*, BATTISTINI A. (a cura di), Il Mulino, Milano 2008.

VIROLI M., *La libertà dei servi,* Laterza, Bari 2010.

WARBURTON N., *Breve storia della filosofia. Con un'appendice di Pietro Emanuele all'edizione italiana*, L. DE TOMMASI (a cura di), Salani, Milano 2016.

ZUBOFF S., *Il capitalismo della sorveglianza. Il futuro dell'umanità nell'era dei nuovi poteri*, Luiss, Roma 2019.

SITOGRAFIA

MINISTERO DELL'ISTRUZIONE, DELL'UNIVERSITÀ E DELLA RICERCA, *Schema di regolamento recante "Indicazioni nazionali riguardanti gli obiettivi specifici di apprendimento concernenti le attività e gli insegnamenti compresi nei piani degli studi previsti per i percorsi liceali di cui all'articolo 10, comma 3, del decreto del Presidente della Repubblica 15 marzo 2010, n. 89, in relazione all'articolo 2, commi 1e 3 del medesimo regolamento",* https//www.indire.it.

Indice

Contatta l'Autore a:

filosofiaimportanzaebellezzadellinutile@virgilio.it

Printed by Books on Demand GmbH, Norderstedt / Germany